KB047228

2024 트렌드 노트

2024 트렌드 노트

라이프-스타일, 마침내 분화

정석환 · 박현영 · 이원희 · 김종민 · 김정구 · 정현아 · 신예은 지음

결정적 데이터
: 나는 너와 다른 것을 보고 있다

데이터를 통해 생활의 변화를 관측하는 것은 '선을 읽는' 일이다. '이것은 우리 시대를 과거와 다르게 구분하는 결정적 선이라 할 수 있겠구나' 하는 선이 있었는가? 있다. 2019년 1월, 지상파 3사의 언급량을 역전한 넷플릭스의 상승선이다.(6쪽 도표 참조)

다음 내용은 당시 〈생활변화관측지〉에 나갔던 인사이트다.

"2019년 1월, 넷플릭스가 SBS, KBS, MBC 모두를 역전했다. SBS, KBS, MBC와 같은 지상파 채널의 언급은 감소하지만 넷플릭스에 대한 언급은 급증하여 마침내 2019년 넷플릭스가 지상파 채널을 역전했다. 지상파는 실내에서 가족과 함께 예능 방송을 시청하는 특성을 보인다. 반면 넷플릭스는 추천받은 맞춤 콘텐츠를 나 혼자 즐긴다. 가족과의 지상파 시청은 시간과 공간이 한정되어 있지만, 혼자서 보는 넷플릭스 시청은 언제 어디서든 자기만의 시간을 갖게 해준다. 지상파가 종편이나 케이블과 경쟁하는 동안, 넷플릭스는 시청자의 시간을 두고 유튜브와 경쟁하는 것이 아닐까?"

이 인사이트는 여전히 유효하고 앞으로도 유효하다. '가족'보다 '혼자', '토요일 저녁 6시 우리 집 거실이라는 한정된 시공간'에서

<지상파 3사 vs. '넷플릭스' 언급 추이>

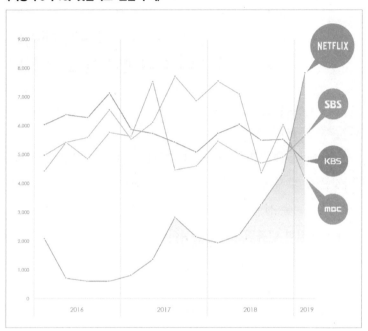

출처 | 생활변화관측지 VOL.5, "지상파를 역전한 넷플릭스"

'언제 어디서나', 그리고 알고리즘으로 '추천'되는 '맞춤' 콘텐츠
라는 사실까지 하나하나가 유효함은 물론이고, 그에 따른 영향력을
생각하면 돌아올 수 없는 강을 건넜다는 것이 더 뚜렷해진다.

　넷플릭스로 대표되는 미디어 시청의 변화가 가져온 핵심은 공통
의 경험이 형성되지 않는다는 것이다. 대중문화는 공동체성을 형성
한다. 좋건 싫건 가족이 함께 거실에 모여 TV를 보던 때, 같이 안 보
더라도 볼 것이 TV 지상파밖에 없을 때의 장면은 이러하다. 아버지

는 TV 화면을 바라보며 '쯧쯧쯧, 말세구나'를 외치셨다. 지금은? 아버지가 보는 콘텐츠와 자녀가 보는 콘텐츠가 전혀 겹치지 않기 때문에 콘텐츠를 주제로 대화를 나눌 수가 없다. 2007년 데뷔한 소녀시대에 대해서는 의견이 일치하지 않아도 선호를 밝힐 수는 있었다. 하지만 2020년 이후 데뷔한 (여자)아이들, 아이브, 에스파, 르세라핌, 뉴진스에 대해서는 의견을 낼 수가 없다. 누군가는 이들의 존재 자체를 모르고 있다.

2022년 하반기에 방영된 나영석 PD의 〈뿅뿅 지구오락실〉 시즌1에는 이러한 변화를 단적으로 보여주는 장면이 세 번 나온다. 첫째, 구독자 100만 유튜버, 아이돌 등이 출연하는데 '부모님을 위한 소개'라는 자막과 함께 처음 보는 사람처럼 출연진을 소개한다. 이 출연진은 그야말로 '요즘 세대' 대표 연예인들인데도 말이다. 둘째, 인물 맞히기 게임을 하는 중에 출연진은 배우 손석구 사진을 보고 '누구세요?'라고 묻는다. 애초에 인물 맞히기 게임을 한다는 것 자체가 누군가에게는 당연한 것이 당연하지 않음을 방증한다. 셋째, 음악퀴즈 중에 출연진은 임영웅 노래를 맞히지 못한다. 그 전에 나온 아이돌 그룹의 노래들은 전주가 나오고 3초 만에 바로바로 맞히던 출연진이 임영웅 노래가 다 끝나도록 헤매자 나영석 PD는 '이분 모르면 문제가 커질 수도 있어요'라고 말한다.

임영웅은 빅데이터에서 가장 많이 언급되는 인물 중 한 명이다. 아이돌 그룹과 비교할 수 없을 정도다. 그럼에도 누군가는 임영웅 노래를 한 번도 들어본 적이 없다. 그만큼 우리는 서로 다른 것을 보고 있다. 기술과 알고리즘은 우리를 더 먼 곳으로 밀어낸다. 알고리즘은 내가 본 콘텐츠를 깊이로 이끌지, 너비로 이끌지는 않는다.

그래서 트렌드를 알아야 한다. 여기서 트렌드는 지금 유행하는 것이 아니다. 나는 모르고 요즘 젊은 사람들만 아는 것은 더더욱 아니다. 여기서 말하는 트렌드는 삶의 방식의 변화이고 우리 사회가 가고 있는 방향성이다. 같은 것을 보고 있지 않기에 같은 주제로 대화할 기회가 없다. 서로가 다른 것을 보고 있다는 사실조차 인지하지 못한다. 그래서 조금은 애써서 우리가 가고 있는 방향을 돌아볼 필요가 있다. 우리 사회는 수직에서 수평으로, 조직에서 개인으로, 일방향에서 쌍방향으로 가고 있다. 사회 변화는 누구에게도 예외가 아니다. 책을 열고 우리 사회 변화의 방향성이 어느 지점에서 나타나는지 짚어보기로 하자.

Contents

책머리에 | 결정적 데이터 : 나는 너와 다른 것을 보고 있다 · 5
프롤로그 | 라이프-스타일, 마침내 분화 · 12

CHAPTER 1. 총론 : 소비자의 습관, 경험, 지성

:: 대한민국 식음 트렌드 : 루틴, 웨이팅, 페어링 · 21
:: 습관의 소비 · 28
:: 경험의 소비 · 33
:: 지성의 소비 · 42
:: 습관, 경험, 지성의 결합 · 48
[마케터를 위한 시사점] · 58

《2023 트렌드 노트》 우리 시대 가치관에 대한 첨언 · 59

PART 1. 쩝, 일상의 변화

CHAPTER 2. 일하는 방식의 변화

:: 칼퇴가 목적이 아니다 · 66
:: 일하는 시공간의 선택권이 주어지다 · 71
:: 변화의 방향은 신뢰와 유연함 · 77
:: 저녁 있는 삶에서 밀도 있는 삶으로 · 85
[마케터를 위한 시사점] · 95

CHAPTER 3. 서울의 정체성

∷ 자산개발 원리 : 땅, 돈, 사람 · 98
∷ 파리가 된 서울 · 102
∷ 오늘의 서울 : 들어가다, 걷다, 타다 · 109
∷ 미래의 서울 : 올려지다 · 118
[마케터를 위한 시사점] · 124

PART 2. 感, 경험의 변화 ────────────

CHAPTER 4. 주류가 된 서브

∷ 오늘날의 서브, 양적으로 이미 큰 것 · 131
∷ 주류가 되는 서브의 핵심속성 · 140
∷ 서브와 주류를 잇다, 커뮤니케이터 · 154
[마케터를 위한 시사점] · 168

CHAPTER 5. 세대 경계가 없는 콘텐츠

∷ 슬램덩크와 뉴진스, 모두에게 공감받는 전략 · 172
∷ 대를 이어 사랑받는 원동력, 서사 · 183
∷ 세대를 넘어 아카이브가 되는 브랜드 · 189
∷ '타깃'이 아니라 '팬'에 집중하자 · 195
[마케터를 위한 시사점] · 199

CHAPTER 6. 팬을 남기는 브랜드 경험 : 모델 활용을 중심으로

∷ 모델 선정 : 숨겨진 진심들의 만남 · 205

:: 모델 활용 : 팬이 되어 팬덤과 친해지기 · 216
:: 브랜드의 추구미를 담은 페르소나 · 223
:: 모델은 떠나도 팬덤은 남아야 한다 · 230
[마케터를 위한 시사점] · 234

PART 3. 첫대, 가치의 변화

CHAPTER 7. 이 시대의 해방감

:: 제로와 프리의 시대 · 238
:: 제로 : 죄책감과 완벽에 대한 반항 · 245
:: 프리 : 관념의 무(無) 경계화 · 249
:: Make zero, and be free · 255
[마케터를 위한 시사점] · 261

CHAPTER 8. 이 시대의 감수성

:: 생활의 언어로 본 DEI · 264
:: 다양함을 포용하는 언어를 고민하다 · 267
:: 접근성, 향유의 시간차를 없애다 · 276
:: 공정함, '전문가'에서 '지수'로 · 283
:: 지금의 '유난'이 내일의 '트렌드'다 · 289
[마케터를 위한 시사점] · 291

에필로그 | 이 시대의 페르소나, 관심사는 자기관리와 공간분리 · 292

라이프-스타일, 마침내 분화

　대한민국 성인 대부분은 2010~11년에 스마트폰을 손에 쥐었다. 새로운 정보를 만들고 볼 준비를 갖춘 것이다. 2013~14년에 오늘의집, 마켓컬리를 비롯해 새로운 라이프스타일을 선보이는 플랫폼들이 론칭했다. 이러한 플랫폼들을 통해 사람들은 새로운 그림, 다시 말해 새로운 라이프스타일을 엿보았다. 새로운 맛집과 카페가 오프라인에 이러한 인테리어를 구현하기 시작했지만, 아직 우리 집에 이 라이프스타일이 들어오기는 일렀다. 2016~17년을 거치며 '직구'라는 방법론이 소개되면서 정보에 머물렀던 북유럽 스타일이 비로소 우리 집으로 들어올 수 있었다. 루이스폴센 조명 직구 방법과 가격, 설치 영상과 비포-애프터 사진이 공유되었다. 인테리어 플랫폼 기업의 이름이자 사람들이 자기 집 사진을 올릴 때 사용하는 해시태그인 '오늘의집'이라는 키워드는 2016년부터 주목받기 시작해 2019년 정점을 찍었다.

　이런 역사를 거쳐 인테리어 분야에 '취향'이 들어왔다. 체리색 몰딩, 형광등 조명, 형형색색의 소품들로 채워진 집이 아니라 하얀색 배경에 마찬가지로 하얀색 원형 테이블, 프리츠한센 앤트체어, 루이스폴센 펜던트 조명, 이파리가 큰 초록 식물과 알파벳 글자가 크게 써 있는 액자가 한 켠에 놓인 이른바 북유럽 스타일의 집을 '취향의 집'이라 불렀다. 여기서 말하는 취향은 여러 갈래로 갈라지는 것이 아니라 다른 차원으로 옮겨가는 것이다. 사람들의 취향이 나노 단위로 나뉘어 있다면 어떻게 모두가 루이스폴센 펜던트 조명을 좋아할 수 있겠는가? 어떻게 모두가 하얀색 테이블과 앤트체어, 알파벳 액자 —그것도 A가 크게 써 있는 액자— 를 선호할 수 있겠는가?

2010년대 중반만의 일이 아니다. 지금도 모두가 같은 맛집에 줄을 서고, 카페를 비롯해 많은 곳이 천장 마감을 하지 않고 골조를 드러내고 있다. 정보가 공유될수록 쏠림 현상은 강화된다. 선택지가 많아진 것은 사실이다. 그럼에도 대세는 있다. 특히 인테리어처럼 계속 성숙해가는 시장은 대세가 중요하다. 이 경우 취향이 나뉜다고 보기보다 새로운 라이프스타일이 제안되고, 소비자가 그 새로움을 적극적으로 수용한다고 보아야 한다. 액션, 코미디, 스릴러물처럼 취향이 다양한 갈래로 나뉘는 경우가 있다. 하지만 인테리어, 패션, 식문화처럼 라이프스타일이라 불리는 영역에서 취향은 나뉘기보다 높아지고 깊어질 여지가 더 크다. 대한민국은 현재 눈높이는 높아지고 있고, 지식은 공부하고 있고, 취향은 탐색 중에 있다. 이는 여전히 현재진행형이다.

그럼에도 서로 다른 '삶의 환경'과 '가치관'이라는 변수가 개입하면 선택지가 달라진다. 피부색이 웜톤인지 쿨톤인지에 따라 다르고, 1인가구와 다인가구의 삶이 다르고, 아이가 있는 집과 없는 집이 다르고, 유연근무를 시행하는 직장과 아닌 직장, 친환경 지향성의 강도에 따라 선택지가 달라진다. 마침내 취향의 분화가 이루어진다. 서로의 취향이 대단히 달라서라기보다는 본인이 처한 환경이 달라지기 때문이다. 코로나 이전만 해도 직장 선택에 유연성(flexibility)은 중요한 고려 요인이 아니었다. 직장마다 유연성의 정도가 크게 다르지 않았기 때문이다. 코로나를 겪으면서 회사마다 유연성을 대하는 정도에 차이가 나타났다. 이제 사람들은 이 회사가 유연근무제를 시행하는지, 재택근무가 자유로운지, 거점 오피스에서 근무할 수 있는지 등의 근로 환경 유연성을 따지기 시작한다. 유연한 근무제도가 가능한 직장을 선택한 사람의 라이프스타일은 달라진다. 역세권에서 한발 물러나더라도 창이 크고 뷰가 좋은 곳을 선택한다. 집에서 일할 수 있도록 큰 테이블을 들이고 편한 의자를 구입한다. 편히 쉬면서 책을 읽기 위한 1인용 소파가 아니라 장시간 앉아서 근무할 수 있는 오피스 의자가 집에 들어온다. 둘 다 취향은 높아졌지만 라이프스타일에 따라 홈오피스에 집중하느냐, 홈카페에 집중하느냐가 달라진다.

가치관도 라이프스타일의 차이를 불러온다. 코로나 이전에 비건, 지속가능성, 친환경은 해외에서 체험하는 색다른 문화였다. 지금은? 삶의 가치관이자 지향점이 되었다. 일상생활에서 꽤 진지하게 이를 실천하고 바꿔나가는 사람들의 라이프는 예전과 달라졌다. 온라인 택배나 배달 포장 쓰레기를 최소화하기 위해 시장이나 마트를 직접 방문하고 음식은 식당에서 먹고 오거나 집에서 만들어 먹는다. 소비를 줄이고 가능하면 재활용 가능한 것들을 구입한다. 디자인이 고급스러운 샴푸통이 아니라 고체 샴푸바를 선택한다. 취향의 눈높이를 낮추지 않으면서 집안의 풍경이 전과는 달라진다.

'라이프스타일'이라는 말이 유행하기 시작한 것은 2010년대 중반이다. 기업에서는 '소비자의 라이프스타일을 이해해야 한다', '소비자의 라이프스타일에 맞는 상품을 제안해야 한다', '소비자의 라이프스타일을 업그레이드해야 한다'는 것을 미션으로 삼았다. 이때의 라이프스타일은 예전과는 다른 스타일리시한 삶의 방식이란 뜻이었다. 단순한 필요가 아니라 취향과 디테일이 살아 있는 것, 그냥 커피가 아니라 플랫화이트, 그냥 주전자가 아니라 티팟세트, 그냥 의자가 아니라 앤트체어가 각광받았다.

필자가 라이프-스타일이라고 띄어 쓴 것은 삶에 스타일이 더해진 시대를 넘어서 삶의 스타일이 나뉘는 시대로 가고 있음을 강조하기 위해서다. 1인가구의 증가와 함께 찾아온 1인용 삶, 코로나를 계기로 경험해본 유연한 근무방식, 코로나가 각성시킨 환경과 건강의 중요성은 2024년뿐 아니라 지속적으로 우리 생활의 변화에 영향을 미칠 요인이다. 이러한 요인들이 높아진 취향과 맞물리면서 다양한 갈래를 만들어낸다. 이 책에서는 갈래가 어떻게 나뉘고 어떤 갈래가 부상하는지 일상, 경험, 가치관의 영역으로 나누어 삶의 변화를 보여줄 것이다.

총론 성격의 1장은 이 책의 구성 안내서이자 트렌드를 바라보는 관점을 제시한다. 앞서 말한 것처럼 트렌드는 지금 유행하는 것이 아니다. 삶의 방식의 변화이고 우리 사회가 가고 있는 방향성이다. 트렌드는 마음먹고 찾아가는 핫플레이스에서만 나타나는 것이 아니라 매일 마시는 커피 한잔에도 나타난다. 이 시대 소비 트렌드를 습관(習), 경험(感), 지성(知)으로 나누어 설명하고 이 영역들을 어떻게 결합해 오래 남는 트렌드가 될 것인지 제안했다. 《2023 트렌드 노트》에서 제시했던 우리 시대 가치관이 1년이 지난 지금 어떻게 진화했는지도 뒷부분에 같이 실었다.

1부 '習, 일상의 변화'에서 주로 다룰 주제는 일과 서울이다.

새로운 제너레이션이 등장했다. 이들은 직장인이 아닌 직업인으로 실력을 쌓길 바라며 자신의 시간을 소중히 하는 방식으로 칼퇴근을 한다. 일하는 시간과 공간에 대한 결정과 선택을 통해 삶에 대한 주도권을 획득하고자 한다. 새로운 일하기 방식으로서 유연근무제와 워케이션(workcation)을, 그리고 주도적이고 밀도 있는 삶을 살고자 하는 세대의 로망과 염원을 살펴본다. 새로운 세대가 새로운 눈으로 바라본 서울의 변화도 1부에서 다룬다.

2부 '感, 경험의 변화'에서는 브랜드가 활용할 도구이며 목적지인 콘텐츠와 팬덤을 다룬다.

4장에서는 서브컬처와 주류의 차이, 더 큰 주류로 확장되는 서브의 특성, 서브와 주류를 잇는 존재인 커뮤니케이터를 중심으로 이 시대 콘텐츠가 지닌 속성에 대해 이야기한다. 5장에서는 세대를 넘어 공감받는 서사와 세계관의 특성을 살핀다. 6장에서는 모델의 팬덤을 브랜드의 팬덤으로 만들기 위한 관계 설정과 활용법을 제안한다.

3부 '知, 가치의 변화'에서는 이 시대의 욕구와 당위의 가치를 '해방감'과 '감수성'이란 키워드로 살펴본다.

시대의 언어는 시대의 욕구를 반영한다. 식문화를 시작으로 최근 일상에서 많이 보이는 '제로'와 '프리'를 통해 본 이 시대의 욕구는 '해방감'이다. 전통적 경계를 무력화하는 해방의 욕구가 어디까지 확장되는지 7장에서 확인할 수 있다. 욕구의 가치관이 있는가 하면 당위의 가치관이 있다. ESG에 이은 DEI(다양성, 형평성, 포용성) 담론을 일상생활 속 사람들의 자발적 언어로 관찰했다. 이 시대 감수성 관련 논의와 언어들을 데이터로 모아본 관찰기를 8장에서 공유한다.

Chapter 1

총론: 소비자의 습관, 경험, 지성

박현영

트렌드를 보기 위해 한 분야만 보아야 한다면 단연 '식(食)'이다. 식은 누구도 예외 없이 관련이 있고, 소비 빈도가 잦고, 비교적 쉽게 접근할 수 있다. 생활변화관측소는 브린(BRIN, Brand Rising Index & Norm) 서비스를 운영하며 분야와 상관없이 매주 뜨는 브랜드를 체크하고 있는데, 2022년 한 해 동안 주간랭킹 Top10에 들어온 브랜드의 분야를 헤아려보면 식음 분야가 25%로 가장 많다.[1]

대한민국 트렌드를 코로나 이전, 코로나 시기, 코로나 이후로 구분했을 때 식 분야에 3가지 패턴이 보인다.

하나, 코로나 이전부터 시작돼 코로나를 거치면서 더욱 강화되었고 코로나 이후에도 꺼지지 않는 패턴으로 예를 들면 '닭가슴살', '운동 식단', '모닝 루틴' 같은 것들이다. 운동하면서 스스로 건강을 관리하는 것은 꾸준히 대한민국 트렌드로 자리잡을 것이다. 운동과 건강은 유사 이래로 변함없는 주제인 것 같지만 헬스를 중심으로, 몸을 가꾸고, 식단을 조절하고, 탄단지(탄수화물, 단백질, 지방의 비율)를 따지고, 영양제를 먹고, 여행 가서도 지키는 나만의 루틴을

---

1) VAIV 생활변화관측소 - 브랜드 랭킹 BRIN

만든 것은 최근 10년 안쪽의 일이다.

둘, 코로나 이전에는 거의 발견되지 않았다가 코로나를 겪으며 학습했고 코로나 이후에 더욱 진화하는 패턴이다. '밀키트', '제로', '웨이팅'과 같이 코로나라는 제약 조건 속에서 니즈가 발생하고, 소비자 니즈에 맞춰 제품과 서비스가 봇물처럼 쏟아져 나오고, 그 결과 소비자가 더욱 학습하게 되고, 수요와 공급이 함께 커지면서 확장과 진화가 계속되는 분야다.

셋, 코로나가 끝나갈 무렵 등장한 패턴으로, 취향에서 지식으로 깊어지는 경험과 관련이 있다. 대표적인 예는 '하이볼', '페어링', '오마카세'다. 오마카세는 전문가에게 메뉴 선택권을 맡기는 방식이다. 오마카세에서 제공되는 음식의 종류와 순서는 셰프의 기호도 손님의 취향도 아니다. 오히려 지식과 안목의 영역이다.

식문화에 이른바 라이프스타일이라 불리는 흐름이 형성된 지 10년, 그사이 코로나를 겪으며 전혀 예상치 못했던 것들을 배우고, 코로나를 끝내며 새로운 흐름이 합류했다. 식문화의 변화를 통해 지금의 소비 트렌드 전반을 살펴보자.

대한민국 식음 트렌드 : 루틴, 웨이팅, 페어링

식의 목적은 3가지로 나뉜다. 습관(習), 경험/사치(感), 지식/지성(知)이다. 오늘 하루 내가 먹은 식을 돌이켜보자. 아침에 습관적으로 영양제를 먹고, 점심에 경험 혹은 소셜라이즈의 일환으로 한남동 식당에 줄을 서고, 저녁에는 탄단지를 따져가며 닭가슴살 식단을 소환한다. 물론 습관과 경험, 지성은 서로 결합하고 이전한다. 습관적으로 먹는 영양제도 처음에는 지성에서 시작되었다. 유산균을 먹어야 한다는 사실을 알게 되고 흡수율 좋은 고함량 유산균을 고르고 골라 시작해 어느새 습관이 된 것이다. 점심의 한남동 식당 또한 경험의 영역만이 아니라 비건을 실천하기 위한 지성의 선택일 수도 있다. 식 분야에서 습관, 경험, 지성의 영역은 어떻게 나타나며 어떻게 변주되고 결합하는가?

습관으로 자리잡은 루틴

코로나 초기 2년(2020~21년)에 비해 최근 2년간 특히 두드러진 식 분야의 특징은 외식, 음주, 건강식에 대한 담론이다. 집밥과 배달음식 위주의 식사 트렌드가 강했던 코로나 초기와 달리, 최근 2년은 웨이팅까지 하는 등 외식에 적극적인 모습이 관찰된다. 식사와 함께하는 음주 또한 중요한 영역으로 들어왔다. 대한민국 집밥 트렌드를 한 장의 사진으로 표현한다면 한 그릇 음식과 물 이외의 음료, 특히 술이 함께 놓인 것이다. 음식과 음료 뒤로는 콘텐츠가 플레이되고 있다.

건강식 영역에서도 단순히 식단을 넘어 단백질, 탄수화물, 지방과 같은 구체적인 영양성분, 성분 간 비율, 성분의 흡수율을 높이기 위한 보조식품 등 건강식단을 바라보는 해상도가 높아지고 있다.

규칙적인 루틴과 한 몸이 되는 '건강한' 식사는 놓칠 수 없는 자기
관리의 일환이다. 누군가에게 보여지는 자격 조건으로서의 '자기
계발'이 아니라 스스로 만족하고 궁극적으로 마음의 안정과 평화
를 얻기 위한 '자기관리'는 코로나 이전부터 있었던 메가트렌드다.
이러한 자기관리의 일환으로 식문화에서도 '루틴'을 말하는 사람
들이 늘고 있다. 식문화와 연관된 대표적인 루틴은 운동 루틴과 모
닝 루틴이다.

> "식단을 제일 중요하게 생각하는 요즘은 아침을 잘 챙겨 먹으려 노력
> 하고 있어요! 저는 주로 아침에 운동을 하기 땜에 근력운동에 힘쓰려
> 면 엄청 든든하게 먹어야 하거든요!!"

모닝 루틴, 운동 루틴과 관련해 언급량이 가장 많이 증가한 식품
은 잡곡밥, 그릭요거트다. 미숫가루 등 가루형 간편식품은 줄었다.
언급량이 증가한 것들의 공통점은 직접 만들어 먹는 식재료라는
점이다. 습관적으로, 반복적으로, 계속 먹어야 하므로 저렴해야 하
고, 건강해야 하고, 간편해야 한다. 따라서 내가 직접 만들어 먹음
으로써 경제성과 건강을 챙기게 되는데, 이때 도구의 도움이 필수
적이다. 잡곡밥은 압력밥솥, 그릭요거트는 요구르트 제조기 등 직
접 만들기 위해 전용으로 필요한 조리가전이 있다.

혼자 사는 1인용 삶에 필수적인 자기관리, 자기관리의 핵심 요소
인 루틴, 루틴 중의 루틴인 모닝 루틴과 운동 루틴, 모닝 루틴과 운

동 루틴을 구성하는 직접 조리하는 간단한 건강식, 이를 위한 필수 도구, 꼬리에 꼬리를 물면 1인용 압력밥솥으로 귀결된다. 잡곡밥도 짓고, 요거트도 만들고, 인테리어를 해치지 않는 디자인에 1인분을 잡을 수 있다면 전기밥솥이 에어프라이어를 다시 역전할 기회가 된다. 트레이더스 에어프라이어 대란이 2018년의 일이다. 전기밥솥보다 유용하다는 명분으로 전기밥솥을 역전했던 에어프라이어, 2024년 전기밥솥이 재역전을 꿈꾼다.

경험을 찾는 웨이팅

식문화에서 웨이팅이라는 행태가 보편화되고 있다. 웨이팅은 얼마나 많은 사람이 여기를 기다리고 있는지 알려주는 지표이기도 하다. 그러나 효율을 중시하는 사람들에게 맛집 앞에서 무작정 기다리게 하는 것은 효율적인 웨이팅이 아니다. 효율적인 웨이팅은 '테이블링' 등의 어플을 활용해 나의 시간을 헛되이 쓰지 않는 것이다. '맛집'이라는 공간, '웨이팅'이라는 행위, 그리고 이를 돕는 수단 '어플'이 삼위일체로 작동한다. 웨이팅이 있기에 맛집으로 인식되고 어플이 있기에 웨이팅을 한다. 무엇보다 이를 수용하는 사람들이 있기에 새로운 외식 생태계가 가능하다.

> "원래 웨이팅까지 해서 맛집 가는 걸 별로 안 좋아하는데… 테이블링 대기는 16팀… 얼마나 맛있었는지 안 물어봐도 알 것 같다. 그리고 전복내장파스타…!! 신세계다. 그야말로 파스타계의 혁명이다…!!!"

웨이팅 문화는 우리 사회가 수직적 문화에서 수평적인 방향으로 나아간다는 증거이기도 하다. 접대해야 하는 어려운 사람을 모시고 웨이팅하는 식당에 같이 갈 수는 없다. 이 식당은 예약을 받지 않으니 같이 기다리자고 할 수 있는 정도의 사이라야 가능하다. 웨이팅은 시간이 자원이 된 사회의 단면을 보여주기도 한다. 효율을 중시해 1초도 낭비하고 싶지 않지만 희소성을 구매하기 위해서는 기꺼이 기다린다.

"친구나 가족, 사랑하는 연인과 함께 맛있는 음식을 찾아가는 행위, 먹기 전 웨이팅하는 그 순간 나누는 소소한 대화나 현장 분위기를 느끼는 것들 모두 시간 낭비가 아니라 소중한 기억이고 추억이라 생각됩니다."

식사에 큰돈 지불하는 것도 원하지 않고 기다려서까지 식사를 하는 것은 더더욱 원치 않는 사람이라 하더라도 소셜라이즈를 위해서는 식당 앞에서 웨이팅할 가능성이 매우 높다. 트렌드는 개인의 기호가 아니라 사회적 합의다. 웨이팅은 희소한 식사를 위해서는 시간을 내주어야 한다는 사회적 합의를 보여준다.

지성이 된 페어링
페어링은 '배우다'라는 동사로, 여기에 '술'이 결합되면 '잘 어울리다'라는 동사로 대표된다. 식 분야는 내 입맛에 맞아야 한다는 기호 연관성이 가장 높지만 페어링 즉 '이 술과 이 안주'의 조합은 내 취향과 무관하게 정해진다. 이 조합이 내 입맛에 맞지 않을 수는 있지만, 알고 선택하지 않는 것과 몰라서 선택하지 못하는 것은 다르다. 페어링은 합의된 음식의 지식체계를 배우는 것이다.

페어링은 음식과 술의 어울림에서 주로 나타나는데, 취하기 위한 술이 아니라 술과 잘 어울리는 음식과 식사를 완성하는 것이 목적이다. 음식과 술의 조화, 페어링을 배우고자 하는 사람들에게 페어링은 취향의 영역이 아니라 지식의 영역이다. 술과 잘 어울리는 안주를 안다는 것은 곧 먹을 줄 아는 지식을 갖추었음을 의미한다.

"케이크랑 와인 페어링해주는 곳 간 뒤로 디저트는 와인과 함께 먹는 거라는 걸 배움 ㅋㅋㅋㅋㅋ 진짜 너무 좋더라"

페어링과 관련해 가장 많이 증가한 술은 '하이볼'이다. 비단 페어링뿐 아니라 식 관련 어떤 키워드를 넣어도 하이볼은 급상승 키워드로 나타난다. 하이볼의 인기 요인은 무엇일까? 하이볼 선택 요인은 비주얼, 가성비, 커스터마이징 가능성이다. 트렌드 키워드가 지녀야 하는 상징성, 접근성, 경제성, 변주 가능성을 모두 충족한다.

일종의 칵테일에 해당하는 하이볼은 제조 자체가 술과 탄산의 어울림이다. 하이볼이 포함된 음식 사진 한 컷은 하이볼에 어울리는 식사를 준비할 줄 아는 사람, 음식의 지식체계를 이해하는 사람이라는 상징성을 지닌다. 게다가 하이볼은 접근성과 경제성도 높다.

"커클랜드 아이리쉬 위스키, 이거 갓 술 아니냐? 하이볼용으로 가성
비 오짐. 맛도 있어서 3~4만 원대 위스키 마시는 것보다 이거 한 병
사서 쟁여놓고 마시는 게 최고임."

하이볼 재료는 마트에서도 살 수 있고, 한번 사서 쟁여놓고 두고
두고 먹을 수 있다. 무엇보다 하이볼은 혼자 먹는 매일의 식탁에 올
라올 수 있다. 쉽고 싸게 구해서, 무한히 변주할 수 있고, 마음먹고
한 요리와도 어울리고 아이스크림 하나만 있어도 충분하다.

페어링은 식음뿐 아니라 모든 브랜드가 주목해야 할 키워드다.
페어링은 소비자가 직접 만들어내는 콜라보레이션이다. 페어링이
가능할 때 우리 브랜드의 가능성이 무한히 커진다. 콘텐츠와의 페
어링, 자연과의 페어링, 식음과의 페어링, 특정 시간대와의 페어링
을 관측해보자. 브랜드 단독으로 만들어낼 수 있는 그림에는 한계
가 있다. 변주를 위해서는 잘 어울리는 친구가 필요하다.

달라진 식문화 트렌드에서 가장 중요한 것은 식의 목적과 태도가
달라졌다는 점이다. 식은 '가족'을 위한 것이 아닌 '나'를 위한 것
으로 더 크게 인지되고 있다. 아울러 웨이팅 문화에서 대접의 방향
이 바뀌었음을 확인할 수 있다. 식을 대하는 태도 또한 의무 이행이
아니라 하나의 지식체계로서 배우려는 태도가 나타난다는 점을 기
억하자.

이것이 비단 식문화에서만 일어난 변화일까? 식문화에서 관찰된

변화가 소비 트렌드 전반에는 어떻게 나타나고 있는지, 시야를 넓혀 적용해볼 차례다.

습관의 소비

트렌드는 늘 새로운 것만 있는 것 같지만 식문화 트렌드를 보고 있으면 습관의 힘이 얼마나 큰지 알 수 있다. 한국인의 밥상에 빠지지 않는 국·탕·밥, 간편식사의 대명사가 된 스팸과 햇반, 운동식단의 필수품에서 냉동실을 가장 많이 차지하게 된 닭가슴살, 카페 공화국에서도 여전히 영혼의 음료라 불리는 맥심커피, 신상품의 향연 속에서도 여전히 1위 자리를 지키는 신라면까지. 심지어 업의 본질이 '습관'과는 거리가 있어 보이는 패션 영역에서도 습관이 된 제품이 나온다. 스트라이프 셔츠의 정석, 출근 기본템, 스니커즈의 근본처럼 누구나 하나쯤 갖추고 있고, 제품이 떨어지면 또 사는 제품은 습관이라 할 수 있다.

트렌드는 습관을 확인하는 일이기도 하고, 습관의 변화가 일어나는 지점을 짚어내는 일이기도 하다. 특별했던 것이 습관이 되고, 습관이었던 것이 특별해진다. 10년 전 커피 한잔 값으로는 너무 비싸지 않냐고 뭇매를 맞았던 카페 아메리카노는 습관의 습관의 습관이 되었다. 된장찌개에 생선구이, 몇 가지 밑반찬 같은 한국인 밥상의 스테레오 타입은 이제 특식이 되었다. 한식은 사 먹고 파스타는 집에서 해 먹는다. 특히 생선구이는 혼자 사는 집에서는 거의 불가능한 메뉴다. 한식의 특식화는 식품회사에서 주목할 만한 트렌드다.

이처럼 라이프스타일을 결정짓는 오랜 습관이 바뀌고 있다. 결혼 말고 혼자 살기, 출근 말고 원격근무가 습관의 영역에 들어왔다. 이제는 어떤 업에 종사하든 1인가구와 유연근무 방식을 고려해야 한다.

습관의 결 : 의식과 무의식

습관의 결에는 의식과 무의식이 있다. 코로나는 무의식적인 습관에 충격을 가한 사건이었다. 매주 습관처럼 마트에서 장을 보던 사람에게 온라인 쇼핑 아이디를 찾게 만들었다. 마트 쇼핑 습관은 쿠팡 쇼핑 습관으로 전환되었고, 코로나가 끝나고도 좀처럼 돌아오지 않는다. 출근은 무의식적인 습관이었다. 힘들지 않은 것은 아니지만 출근이 아닌 대안을 생각할 수도 실행할 수도 없었다. 매일 출근하던 사람들은 코로나 때문에 인생 처음 재택근무를 맛보았다. 다시 돌아오라는 회사의 부름과 충돌이 발생하고, 회사는 하이브리드 근무, 유연근무제, 거점 오피스, 워케이션까지 새로운 근무형태에 대해 고민하기 시작했다. (일의 변화는 2장에서 자세히 볼 수 있다.)

코로나는 의식적으로 습관을 만들게 한 사건이기도 하다. 조직에 의한 시간표가 아니라 스스로의 시간표대로 살아가야 했던 사람들은 자기만의 습관을 만들어 지킴으로써 마음의 안정과 평화를 찾고자 했다. 의식적으로 아침마다 영양제를 먹고, 운동을 하고, 식단을 지키고, 주식 공부를 했다. 디지털의 기본 속성인 기록성은 습관을 만드는 데 안성맞춤이다. 블로그에 일상을 기록하고, SNS에 매일의 식단을 기록하고, 인스타그램에 챌린지를 인증한다. 모든 디지털 플랫폼은 사람들의 습관이 되고자 몸부림친다. 모든 게임과 이를 벤치마크한 앱이 부여하는 출석 보상, 거의 모든 유튜버가 말하는 구독과 알람 설정, 상품 콘텐츠가 잡지처럼 소비되기를 원하는 많은 취향 플랫폼의 소망은 디지털과 습관의 강력한 결합성을 보여준다.

구매는 쉽게 일어나지만 브랜드 파워가 없다

브랜드 입장에서 습관의 소비가 되는 것은 꿈인 동시에 독이다. 습관의 반열에 들지 않으면 허무로 끝날 수 있고, 새로운 경험이 되지 않으면 지루하다. 구하기 어려워서 팝업스토어가 열릴 때마다 오픈런을 하고 완판 기록을 세우는 제품도 습관의 반열에 들지 못하면 한때의 유행템으로 기억될 뿐이다. 뷰티 분야에서 주로 나타나는 'N통째'라는 해시태그는 이 제품을 N통째 쓰고 있다는 로열티인 동시에 이제 그만 다른 제품으로 갈아타고 싶다는 욕망의 표현이기도 하다. 브랜드 매니저는 우리 브랜드의 효자템이 A라는 것을 알고 있지만 그 때문에 A 리뉴얼에 한계를 느낀다. 리뉴얼로 기존 고객을 실망시킬까 봐 두렵고, 리뉴얼을 하지 않으면 입소문이 나지 않아 신규 고객이 들어오지 않을까 걱정이다. 'N통째'의 딜레마다. 습관적 소비에서 구매는 쉽게 일어나지만 브랜드 파워를 기대하기는 어렵다.

하지만 습관으로 자리잡고도 브랜드 파워를 잃지 않는 브랜드가 있다. 매출도 높고 소셜미디어상에서 화제성도 높은 브랜드, 그들의 특징은 '변주'다.

2023년 5월 5주 차, 생활변화관측소가 측정한 뜨는 브랜드 스코어에 신라면이 4위에 올랐다. 신라면은 한국인이 가장 많이 말하는 라면 브랜드로 1년에 1만 건 이상 언급된다. 이미 워낙 많이 언급되기에 새삼스레 '뜨는' 브랜드에 오르기 어려운데도 신라면은 튀어 오르는 피크를 보였다. 5월 5주 차의 급상승 원인은 신라면으로 만드는 간단 마제소바 레시피가 X(구 트위터, 이하 '트위터')에서 많은 RT를 얻은 덕분이다. 왜 다른 라면이 아니라 신라면일까? 마제소바를 만드는 베이스 라면으로 다른 라면이 안 될 이유는 없다. 아마도 신라면이 근본 라면으로 인지되기 때문일 것이다. 기본 라면을 베이스로 뭔가를 추가하여 새로운 라면을 제조해 먹는 방식의 튜닝 라면이 뜬다. 요리가 필요하지만 요리 스킬은 부족한 사람들에게 라면은 가장 쉽고 편한 베이스다. 식품의 변주는 소비자의 몫이다. 소비자에게 변주를 맡기고 우리 브랜드는 가장 기본만 제공한다는 마음으로 습관에 해당하는 국, 탕, 찌개의 베이스를 노리자.

유통 플랫폼의 변주는 계절과 맞물린 행사에서 온다. 물론 계절에 한 번이 아니라 특정한 목적 없이 수시로, 지나갈 때마다 들르는 것이 가장 좋긴 하다. 초기 마켓컬리나 29CM처럼 시간 날 때마다 잡지 들춰보듯 들어가 보는 플랫폼, TV 채널을 돌리다 우연히 멈춰 보게 되는 홈쇼핑처럼 특별한 목적 없이 찾아오는 것이 습관의 최종 목적지다. 최종 목적지가 되기 전에는 계절의 변주에 맞춰 우리 플랫폼에 들어올 이유를 만들어주어야 한다. 3-6-9-12월 올영 세일 때마다 올리브영은 뜨는 브랜드 스코어에 이름을 올린다. 무신사도 블랙프라이데이 세일 때마다 급상승을 보이는데, 블랙프라이데이는 11월이지만 여름에는 무신사만의 '무진장 여름 블랙프라이데이' 세일을 진행하고 이때면 어김없이 급상승을 보인다.

리테일 미디어 시대다. 사람들이 같은 미디어를 보지 않는 오늘날, 내 브랜드를 알릴 수 있는 곳은 결국 리테일이다. 물건 팔기 위한 채널과 광고하기 위한 채널이 따로 있는 것이 아니라 브랜드가 포함된 콘텐츠를 보면서 브랜드를 알게 되고, 보다가 바로 브랜드를 구매하게 된다. MD보다 PD가 더 많은 쇼핑 플랫폼이 뜬다. 네이버, 쿠팡처럼 무엇이든 다 있고, 누구보다 싸고, 남들보다 빠르게 배송해주기는 어렵다. 라이프스타일을 선택해서 그 라이프스타일에 맞는 사람들이 습관처럼 찾는 플랫폼이 되어야 한다. 습관은 '언제나'이기를 희망하지만 적어도 '이 시간', '이 계절', '이 순간'으로 정하고 시작하는 것이 현실적이다. '장마가 시작되면 레인부츠, 레인부츠 사러 ○○○에 가야 한다'는 공식이 성립되면 ○○○ 브랜드는 습관의 소비에 진입 성공이다. 6월 2주간 가장 핫한 팝업스토어가 되었다가 역사의 뒤안길로 사라지는 것보다 득이 크다.

습관이 된 후 브랜드 파워를 유지하기 위해 하위 브랜드 제품을 변주하는 것도 전략이다. 농심 라면은 전통의 신라면, 짜파게티, 안성탕면이 근본을, 신제품인 신라면 건면, 비빔면 배홍동, 라면왕 김통깨가 변주를 담당한다. 농심 라면 브랜드 자체가 지루할 틈이 없다. 인지적으로 싸다는 것을 브랜드 컨셉으로 하는 노브랜드는 자사 브랜드가 싸다는 것을 증명하는 제품을 변주한다. 감자 과자, 초코칩 쿠키로 시작해 타코야키의 혜자스러움이 화제가 된다. 잊을 만하면 한 번씩 노브랜드 컨셉을 증명하는 제품이 나타나 소비자의 입소문을 탄다.

근본 브랜드일수록 새로움을 잃지 않기 위한 노력이 필요하다. 변주를 기억하자. 근본-스러움을 잃지 않으면서 새로운 경험을 주는 예시는 경험의 소비에서 더 다루도록 하겠다.

경험의 소비

경험의 소비는 실행하는 사람에게는 당연하고 구경하는 사람에게는 이해 불가한 소비다. 2022년 9월 코엑스 별마당도서관 1층에 퍼센트(%) 아라비카 커피, 일명 '응커피'가 문을 열었다. 코엑스를 지나가던 필자와 친구들이 줄을 서고, 30분 정도 기다려 겨우 커피를 받아 밖으로 나왔다. 직업 특성상 우리는 사진을 찍고 커피맛을 품평하고 코엑스 이 위치의 특수성에 대해 분석했다. 아라비카 커피가 한국에 문을 여는 데 이 자리가 맞는지 그런 이야기였던 것 같다. 그때, 아마도 코엑스 근처에서 근무하며 이 기현상이 너무도 궁금했던 중년 남성 1인이 우리에게 다가왔다. "커피가 정말 그렇게 맛있습니까? 뭐가 달라요? 왜 줄을 서는 거예요? 정말 너무 궁금해서요." 답하기가 쉽지 않았다. "아라비카 커피가 교토에서 왔는데… 맛이 궁금해서… 새로운 거니까…."

그때 제대로 하지 못한 답을 지금 해본다. 아라비카 커피는 교토의 커피 브랜드로 교토 히가시야마 본점이 특히 유명하다. 홍콩, 뉴욕 등 도시마다 독특한 위치에 문을 여는 세계적 카페라 할 수 있는데 드디어 한국에 온 것이다. 경험이 있는 사람은 '교토나 홍콩에서 줄 서서 먹던 기억을 되살리며 다시 한 번 맛보고 싶어서'라는 말을 덧붙일 수 있다.

사실 많은 사람이 교토 히가시야마 본점을 가본 것은 아닐 것이다. 필자 또한 그렇고, 코엑스에서 줄을 설 때도 그 역사를 자세히 알지는 못했다. 인스타그램에서 많이 봐서, 혹은 본 것 같아서 줄을 섰다. 정보는 경험을 부추긴다. 경험은 더 많은 경험을 부추긴다. '부추긴다'는 부정적인 뉘앙스의 동사를 쓸 필요는 없다. 정보는 경험을 촉진한다. 경험은 더 많은 경험을 이끌어낸다.

사람들이 서로 다른 정보를 보고 있다. 교토 여행, 교토의 그 카페, 한국에 온 교토의 그 카페 정보를 알고 있는 사람에게 경험은 자연스러운 것이지만 그 정보에 접속한 적 없는 사람에게 뜨거운 햇볕 아래 커피 한잔 마시자고 1시간씩 줄을 서는 것은 기현상이다. 교토 아라비카 커피라는 정보 하나를 말하는 것이 아니다. 외국의 어떤 도시, 어떤 도시의 오리지널 문화, 그 문화를 담은 한 장의 사진, 그 사진에 가치를 부여하는 사람들의 공감을 계속 보아온 사람에게 쌓인 정보와, 그렇지 않은 사람이 생각하는 정보의 범위 사이의 간극이 커져버린 것이다. 내가 직접 가본 것, 해본 것, 가볼 만한 것으로 인지되는 경험적 정보의 세계에 SNS에서 본 것, 본 것 같은 것, 내 SNS에 올리고 싶은 것까지 확장되어 더 넓고 새로운 유니버스가 만들어진다.

정보 하나하나가 트렌드는 아니다. 새로운 정보체계도 트렌드가 되기에 충분하지 않다. 정보체계에 차이가 발생한다는 것이 트렌드를 만들어낸다. 나는 알고 너는 모르고, 너는 해보았고 나는 안 해보았기에 그 차이를 메우고 싶은 욕망이 트렌드를 추동한다. 아라비카 커피는 트렌드가 아니다. 하지만 이 장면, 코엑스라는 서울 한복판에서 이해하지 못하는 1인과 당연한 듯 줄을 서는 3인의 만남은 트렌드다.

경험의 결 : 기분 전환과 대세의 동참

경험 소비의 목적은 기분 전환과 대세의 동참이다. 경험 소비는 여행과 맛집으로 대표되고 일상보다는 여가 활동에서 나타난다. 코로나가 지나면서 탈락한 여가 활동은 영화이고, 추가된 여가 활동은 전시다.

또한 경험 소비는 일종의 문화 활동이다. 최근에 콘텐츠와 아이돌에 대한 덕질이 주요한 문화 활동에 추가되었다. 기념비적인 장소 방문 활동도 경험 소비에 포함되는데, 여기서 말하는 기념비적인 장소는 역사적 공간이나 장엄한 자연이 아니라 상업적 공간인 경우가 많다. 방문할 가치가 있는 장소의 핵심은 건축, 인테리어, 그 공간에서만 볼 수 있는 독특한 뷰다. 들어갈 수도 없고, 만질 수도 없고, 가까이 가볼 수도 없는 세계자연유산보다 내 감각으로 직접 느낄 수 있고 내 사진기에 담을 수 있는 장소가 각광받는다. 덕질도 마찬가지다. 이제는 범접할 수 없는 스타 뒤에 익명의 팬으로 존재하기를 원하지 않는다. 나는 ○○○을 덕질하는 사람으로서 정체성을 갖고, 팬들과의 교류도 중요하다. 소속사는 팬을 위해 다양한 콘텐츠를 제공할 의무가 있다. 팬들도 덕질하는 아이돌이 욕먹지 않도록 성숙한 팬덤 문화를 만들고자 노력하고, 아이돌 역시 팬들을 실망시키지 않기 위해 성숙한 인간성을 갖추어야 한다.

내가 배제된 경험은 경험 소비가 아니다. 세계가 찬사를 보내는 기념비 옆에서 들러리 서는 것에 만족할 수 없다. 사진 촬영을 금지하는 전시나 콘서트가 이제는 거의 없다.

경험 소비에서는 참여자가 다른 이들에게 참여를 권유한다. 경험 소비에 지불하는 비용은 나의 돈, 나의 시간, 나의 주의력 그리고 해당 콘텐츠 홍보다. 경험 소비가 젊은 사람들의 전유물은 아니지만 젊은 사람을 타깃으로 하는 이유가 여기에 있다. 젊은 사람들이 해당 콘텐츠 홍보에 적극적이기 때문이다.

한 번은 쉽지만 두 번이 어렵다

브랜드 입장에서 우리 제품이나 브랜드가 경험 소비에 포함되었다는 것은 인지되기 시작했다는 의미다. 앞으로의 과제는 지속성이다. 한 번은 쉽지만 두 번이 어렵다. 경험 소비의 대표주자인 팝업스토어만 봐도 연관 브랜드가 해마다 바뀐다. 2020년에는 리빙 브랜드, 2021년은 명품 브랜드, 2022년은 식음 브랜드, 2023년에는 콘텐츠 팝업스토어가 두각을 나타냈다. 성수동, 더현대 서울과 같은 판이 만들어지고 많은 브랜드가 동참함으로써 팝업스토어라는 트렌드가 만들어졌지만 소셜빅데이터 언급량 기준으로 상위 15위 안에 3년 이상 머무른 브랜드는 명품을 제외하고는 시몬스, 젠틀몬스터, 애플, 디즈니, 탬버린즈, 무신사 단 6개뿐이다.(38쪽 도표 참조)

팝업스토어 열풍에 동참한 브랜드가 많지만 잠깐(10일 미만) 관심이 폭증한 것 외에 어떤 영향을 미쳤는지 알기가 어렵다. 장기적 관점에서 우리 브랜드 팝업스토어를 기억이나 할까? 그렇다면 소비자는 왜 브랜드 팝업스토어에 방문할까? 방문자가 모두 우리 브랜드 팬이라고 보기도 어렵고 방문 후 우리 브랜드의 팬이 되지도 않는 것 같은데 말이다.

소비자들이 이러한 공간을 방문하는 이유는 개인의 성장, 경험자산과 관련이 있다. 현재 팝업스토어는 브랜드가 주도하고 있다. 그 브랜드들이 보여주는 감각은 한국사회에서 가장 앞서 있다. 소비자들은 트렌드를 선도하는 브랜드가 선보이는 감각을 직접 경험하면서 배우고 흡수해 본인의 자산을 만들어내고자 한다. 경험을 많이

〈'플래그십 스토어' 또는 '팝업스토어' 연관 브랜드 순위〉

2020년		2021년		2022년		2023년(~6월)	
1	시몬스	1	샤넬	1	디올	1	슬램덩크
2	이케아	2	탬버린즈	2	포켓몬	2	디올
3	젠틀몬스터	3	구찌	3	탬버린즈	3	짱구
4	산리오	4	디올	4	샤넬	4	최고심
5	카카오프렌즈	5	이케아	5	무신사	5	디즈니
6	브롤스타즈	6	두껍상회	6	원소주	6	켈리
7	샤넬	7	젠틀몬스터	7	젠틀몬스터	7	포켓몬
8	토이킹덤	8	시몬스	8	노티드	8	COS
9	애플	9	블루보틀	9	블루보틀	9	무신사
10	두껍상회	10	애플	10	카멜커피	10	탬버린즈
11	디즈니	11	무신사	11	디즈니	11	오레오
12	구찌	12	나이키	12	블랑제리뵈르	12	위글위글
13	유니클로	13	넷플릭스	13	레고	13	젠틀몬스터
14	널디	14	LG	14	애플	14	두껍상회
15	루이비통	15	노티드	15	시몬스	15	신라면

■명품 ■명품 외　　　　　　출처 | 생활변화관측소, 블로그+커뮤니티, 2020.01.01~2023.06.30

할수록 견문이 넓어지고 깊어지듯이, 팝업스토어를 통해 가장 핫한 브랜드들의 감각을 내 안에 쌓아 나만의 것으로 만들겠다는 것이다. 여기에 대세에 동참하는 마음과 도장깨기처럼 모든 곳을 가보려는 마음이 더해져 소비자들의 발걸음을 팝업스토어로 이끈다.

사람들에게 브랜드가 중요한 게 아니라 브랜드가 표현한 감각이 중요하다면, 브랜드를 위해 팝업스토어는 어떤 역할을 해야 할까? 팝업스토어는 가장 나다운(브랜드다운) 모습을 표현하는 갤러리다. 여기서 강조할 포인트는 '표현한다'는 것이다. 브랜드가 가진 철학, 신념, 생각을 소비자가 경험할 수 있도록 표현해야 한다.

브랜드다움을 감각적으로 잘 표현한 교과서적 사례로 바이닐앤플라스틱에서 진행한 폴로 팝업스토어가 있다. 폴로는 아메리칸 캐주얼의 근본 브랜드로 통한다. 어떤 컨셉의 대표 브랜드라는 것은 매우 감사한 일이지만 그 틀에 갇힐 수도 있다. 근본 브랜드일수록 근본성과 새로움을 잘 조화시켜야 한다. 2023년 5월 폴로는 현대카드 음악 체험 공간인 이태원의 바이닐앤플라스틱에서 '캘리포니아 in 한남'이라는 컨셉으로 랄프로렌의 플레이리스트를 사람들과 함께 즐기는 랄프로렌 뮤직라운지를 열었다. 이벤트를 축하하고자 랄프로렌 앰버서더인 NCT 마크가 방문하고, 뮤지션 나얼 등이 캘리포니아를 느낄 수 있는 플레이리스트를 소개했다. 아메리칸 캐주얼이라는 폴로의 근본성은 '캘리포니아'라는 심상으로 구체화되었다. 캘리포니아를 표현하는 많은 방법 가운데 선택된 것은 '음악'이다. 그 음악을 가장 잘 느낄 수 있게 한 것은 특정 노래가 아니라 장소다. 이태원이라는 장소, 바이닐앤플라스틱이라는 음악 체험 공간. 캘리포니아의 에너지와 이국성을 이태원이라는 장소에서, 플레이리스트라는 형식에서, 초대된 뮤지션들의 캐릭터에서 느낄 수 있다.

매년 독보적으로 뜬 브랜드의 공간은 감각의 진화를 확인하는 자리이기도 하다. 시각적 전시를 선보인 시몬스 테라스, 향을 시각적인 전시로 표현한 탬버린즈, 한 단계 나아가 미각까지 포함시킨 카멜커피로 사람들이 공간에서 경험하는 감각이 확장되고 복합적으로 바뀌고 있다. 색과 향에 이은 다음 감각은 '청각'이다. 2024년 마케팅에서는 어떤 브랜드가 소리와 음악으로 주목받을지 기대해본다. 아니, 기다릴 필요도 없이 근본 브랜드 폴로가 음악을 선택하지 않았나. 우리 브랜드를 음악으로 표현하고 싶다면 어떤 주제로, 어떤 아티스트에게 플레이리스트를 의뢰할 수 있을까? 그 플레이리스트는 어디에서 어떤 방식으로 플레이될까? 정답이 있는 것은 아니지만 설명은 할 수 있어야 한다. 왜 한남동인지, 왜 5월인지, 왜 이 음악인지, 왜 이 주제인지. 이유가 있어야 그다음이 있다. 그 이유를 딛고 버전 2.0을 기대할 수 있다.

음악만이 아니다. 공간의 모양, 인테리어, 디자인, 테마 이 모든 것을 선택할 때 이유가 있어야 한다. 브랜드가 왜 굳이 이 재질을 사용했는지, 왜 이 향을 공간에 퍼지게 한 것인지, 왜 이 전시를 여는지, 왜 이 테마를 골랐는지 다 의미가 있어야 한다. 그 의미를 부여할 수 있는 것이 브랜드의 철학, 즉 브랜드다움이다.

현재 팝업스토어는 유목의 단계에 있다. 언젠가 다양한 팝업스토어의 도장깨기가 완료되면 두각을 나타낸 브랜드의 플래그십스토어에 정착할 것이다. 그때 소비자들은 브랜드의 자산, 감각, 철학을 보고 정할 것이다. 경험 그다음의 목표는 재방문이다. 모든 사람이 우리 브랜드를 사랑할 수는 없지만 적어도 인정은 받아야 한다. 이

색과 향에 이은 다음 감각은 '청각'이다.

분야의 근본은 당신의 브랜드라고. 그러려면 당신의 브랜드를 경험하고 감각할 수 있는 장소가 필요하다. 그곳은 어디인가?

지성의 소비

지성 소비의 대표적 사례로는 알뜰폰, 칼로리, 탄단지, 친환경, 페어링, 도슨트가 있다. 지성은 개인의 지적 능력을 뜻하는 것 같지만 '소비'에 붙은 지성은 외부 지성에 대한 신뢰를 의미한다. 지성은 개인에게 가해지는 압력이다. 습관을 바꾸라는 압력이고, 기존 것을 대체하라는 압력이고, 불편함을 감수하라는 압력이고, 개인의 기호에 머물지 말고 외부의 조언을 들으라는 압력이다. 하지만 이 압력은 스스로 선택한 것이기에 부정적인 의미만은 아니다.

예를 들어보자. 이동통신 3사가 아닌 가상 이동통신망 사업자, 이른바 '알뜰폰'은 10년 전에도 있었다. 10년 전 필자가 가상 이동통신망 사업자 대표님을 만났을 때 그분은 '이 좋은 것을 사람들이 왜 안 하는지 모르겠다'고 한탄했다. 사람은 언제나 누구나 경제적 이득을 원한다. 그때나 지금이나 알뜰폰으로 갈아타는 일은 일정 부분 경제적 이득이 있고 일정 부분 불편하다. 차이가 있다면 그때는 실천한 사람이 별로 없었고 지금은 많다는 것.

기존 통신사의 위약금을 해결하고 혹은 약정이 끝나기를 기다렸다가 정확한 타이밍에 유심을 구입하고 인터넷을 통해 새로운 사업자로 갈아타야 한다. 다른 서비스 결합 할인, 가족 할인 등을 고려하더라도 한 달에 몇만 원을 아낄 수 있다는 것을 확인하기 위해 계산기를 두드려보아야 한다. 이런 불편에도 불구하고 지금 알뜰폰 통신사로 갈아타기가 많이 일어나는 이유는 많은 사람이 그렇게 했다는 무언의 압력이다. 나쁜 압력이 아니라 시대 흐름이다.

정보가 귀찮음을 극복하게 하고 갈아타기를 종용한다. 내가 먹는 식단의 칼로리를 계산하고 탄단지, 즉 탄수화물 단백질 지방의 적정 비율을 계산하는 것도 개인의 기호가 아니라 외부에서 그렇게 하는 것이 좋다고 하는 방식을 따르는 것이다. 식단의 페어링, 전시에서 도슨트 역시 개인의 취향보다 전문 지식에 집중한다. 친환경은 코로나 이후 학습된 지성 소비의 고려 요인이다. 친환경을 포함해 소비에서 이것을 고려해야 한다고 집단지성이 개인에게 학습시키는 '지성'의 영역이 확장되고 있다.

지성의 결 : 가격의 합리성과 윤리적 올바름

2023년 1월 3~4주는 설 주간이었다. 1월 셋째 주에 설을 준비하고, 넷째 주에 설을 지냈다. 생활변화관측소에서는 어떤 브랜드가 설 특수를 잡았을지, 어떤 프로모션이 주목받았을지 촉을 세운다. 하지만 1월 3~4주 급상승 브랜드 리스트에는 설 특수에 따른 상승이 보이지 않았다. 선물을 구입하는 유통 브랜드가 상승하고, 설을 겨냥한 콜라보와 한정판 제품이 화제가 됐던 2022년 명절과 비교하면 2023년 설이 특이한 것이다. 2023년 설 주간 급상승 브랜드에는 고봉민김밥, 피자스쿨, 실리트, 풍년이 올랐다. 급상승 이유는 '가격'과 '가성비'였다.

> "오늘 고봉민김밥 가격 보고 기절할 뻔함. 김밥 가격이 4천 원대로 올라 놀람"
> "피자스쿨 초기 입학자들 보면 뒤집어짐. 피자대학원 피자로스쿨 정도로 가격 올라감"

가장 저렴하다고 인식되는 외식 브랜드 가격이 올랐을 때 사람들은 물가 상승을 체감한다. 가성비템에 대한 높은 관심도 경기 불황을 반영한다. 일례로 한국 소비자원이 발표한 가성비 프라이팬 테스트 결과에 대한 관심이 매우 높았다.

> "풍년 5중스텐 냄비 칼릭스나 파비움 라인 추천하고 가요… 실리트, 휘슬러, WMF, ELO의 반이나 반의 반값에 훨씬 좋음 → 한국소비자원 프라이팬 테스트로 풍년의 프라이팬을 추천함"

사람들은 사지 않는 것이 아니라 가성비를 따진다. 돈을 쓰지 않아도 되는 분야에서는 철저한 가성비템을 찾아내고 공유하고 추천한다. 스스로 찾지 않아도 집단지성이 알려준다. 갈수록 돈을 쓰고 싶지 않은 곳과 쓰는 곳이 더 명확해질 것이다. 지갑이 얇아져도 기분 전환은 필요하다. 집단지성이 발휘될 수 있는 분야는 기분 전환보다는 필수템의 가성비 영역이다.

집단지성이 발휘되는 또 다른 영역은 윤리적 올바름이다. 환경에 대한 경각심은 과대 포장을 경계하고, 플라스틱보다 종이를 선택하고, 비건 제품에 관심을 갖게 하고, 전기차를 다시 보게 만들었다. 사람들의 의식 변화에 따라 제조사도 가능하면 라벨을 제거하고, 재활용 재질을 사용하고, 브랜드의 지속가능성 철학을 설파한다. 집단지성이 개인과 회사에 압력으로 작용하는 것이다. 친환경만이 아니다. 회사는 자사 제품이나 서비스가 누군가를 배제하고 있지 않은지 접근성을 돌아보고, 다양성을 포용하려 하고, 공정성에 어긋나지 않는지 체크하고, 언어, 환경, 인권 감수성을 높이고자 노력한다. 시대가 높은 감수성을 요구하기 때문이다. (이 시대에 요구되는 윤리와 관련해서는 8장에서 자세히 볼 수 있다.)

지성만으로는 구매가 이루어지지 않는다

지성 소비의 고전적 사례는 '추천'이다. 추천은 선택지가 많다는 것과 관련이 있다. 선택지가 하나밖에 없을 때는 추천이 통하지 않는다. 선택지가 무한대에 가까운 현실과 실패하고 싶지 않다는 욕망이 결합해 외부의 조언과 추천을 필수로 만들었다. 디지털 환경 또한 추천에 최적화돼 있다.

이제 특정 분야에서 최선의 선택지를 알려주는 전문가가 각광받는다. 전문가의 추천 수분크림이 무엇인지 알고 있으면서 다른 선택을 하기는 어렵다. 생각의 아웃소싱이다. 생각의 아웃소싱에는 돈이 들지 않는다. 내가 알고 있는 것을 공유하고 보상으로 공감을 얻는 논리가 당연하게 여겨진다. 플랫폼이 조회수에 따라 값을 지불할 수는 있지만 개인이 추천을 참고한다 해서 추천자에게 돈을 지불하지는 않는다. 개인이 지불하는 값은 조회수와 좋아요 버튼, 좀 더 적극적이면 감사의 댓글이다.

윤리적 올바름 역시 추가 비용을 지불하는 게 당연하게 여겨지지 않으며, 따라서 구매를 견인하는 직접적 요인이 되지 않는다. 친환경과 같은 윤리적 올바름에 따라 붙는 수식어는 '이왕이면', '가능하면', '알고 보니', '심지어'다. '이왕이면 친환경을 선택하려 하고, 가능하면 친환경으로 대체하려 하는데 제품이 안 좋으면 안 된다'거나 혹은 '제품이 좋은데 알고 보니 심지어 비건이다'라는 식이다. 친환경 트렌드를 인지하고, 이왕이면 친환경 제품을 구입하고자 하지만 제품이 나와 맞지 않거나 친환경이라는 이유만으로 가격이 비싸다면 바로 선택지에서 제외된다. 비건 화장품에 대한 관심이 상승하는 것은 사실이지만 비건이라는 이유만으로 제품이 선택되지는 않는다.

> "요새 환경 문제에 관심이 많이 생기면서 이왕이면 비건으로 쓰려고
> 노력하는데 비건 파데(파운데이션)라 더 호감이었네요.
> (사용 후) 비건은 안 맞나 봐. 비건이라고 딱히 더 좋은 것도 모르겠고
> 비싸기만 하고 ㅜㅜㅜ."

1장 총론

윤리적 올바름과 관련한 집단지성은 시대의 요구사항이다. 그래서 한 번은 시도해볼 수 있지만 지속하려면 다른 이유가 필요하다. 여전히 비건 식품으로 높은 순위를 차지하는 아몬드 브리즈의 선택 이유는 0칼로리다. 우유를 대체할 수 있다는 장점도 있다. 비건은 재구매의 선택 이유가 되지 않는다. 최근 늘어나고 있는 비건 식당은 비건 식사의 선봉장 역할을 한다. 비건이라는 이유로 시도한 사람들이 맛에 실망한다면 다른 비건 식당도 기회를 잃는다. 비건 식당에 한 번 가보았는데 메뉴도 다양하고, 맛있고, 한 끼 식사로 부족함이 없다는 경험이 쌓이고 공유되어야 비건 식당이 트렌드로 자리잡을 수 있다.

여기에 지성 소비의 어려움이 있다. 지성 소비는 한 브랜드가 이끄는 것이 아니라 많은 브랜드의 참여가 필요하다. 즉 지성의 영역은 그 자체로는 브랜드의 경쟁우위 요소가 되기 어렵다. 친환경을 안고 플러스로 다른 경쟁우위 요소가 있어야 한다. 디자인이 색다른데 심지어 친환경 기업, 맛이 독특한데 알고 보니 비건이 되어야 한다.

지성으로 시작한 소비가 브랜드파워로 남으려면 습관으로 자리잡아야 한다. 습관은 변주되어 새로운 경험이 되고, 경험은 지성으로 강화되고, 지성은 결국 습관이 되어야 한다.

습관, 경험, 지성의 결합

습관의 소비는 구매는 쉽게 일어나지만 브랜드 자산이 쌓이지 않는다. 경험 소비는 대세감을 얻으면 한 번의 시도는 쉽게 일어나지만 재구매를 일으키기 어렵다. 지성 소비는 인지에는 긍정적이지만 지성만으로는 구매를 일으키기에 충분하지 않다. 국내 여행지에 비유하면 습관에 머문 속초, 습관으로 승화하지 못한 전주, 엄두가 나지 않는 한라산이 그렇다.

속초는 실제 방문객 대비 소셜빅데이터에서의 언급량이 적은 도시다. 강원도 여행의 대표 도시, 설악산이라는 국립공원을 안고 있는 도시임에도 각인되는 특징, 이른바 '엣지'가 없다. 속초만의 특별한 뷰와 고유한 느낌이 없다. 속초는 방문객이 많고 앞으로도 많겠지만 방문객 대비 브랜드파워는 적은, 신선함을 주지 못하는, 새로운 수요를 자극하지 못하는 습관의 도시다. 이처럼 오래되고, 매출도 높고, 자산도 있고, 대한민국 사람 거의 모두 경험해보았지만 브랜드파워가 있다고 말하기 어려운, 무난함을 제외하고 브랜드 이미지를 떠올리기 어려운 습관의 브랜드가 여러 개 있지만 여기서 굳이 언급하지는 않겠다.

반면 전주는 도시에 내재된 관광자원보다 훨씬 더 큰 관광명소가 되었다. 전주가 뜬 이유는 사진이다. 전주 한옥마을에서 한복을 입고 오래된 성당을 배경으로 찍은 사진은 과거로 돌아간 듯한 느낌을 주었다. 전주는 교통도 편해서 서울에서 당일치기 여행이 가능해, 대세감이 된 한옥마을 한복 체험에 동참하고자 하는 행렬이 계속 이어졌다. 2016~17년 전주 여행의 언급량은 속초 여행, 강릉 여행보다 많았다. 그러다 2017년 겨울을 기점으로 강릉에 역전되었다.

전주는 다른 지자체 어디도 하지 못한 일을 해냈지만 한계도 명확하다. 한계는 전주를 다시 찾을 이유가 없다는 것이다. 전주에는 그 자체로 목적지가 되는 숙소가 없다. 한옥마을에 한 번 가본 사람이 두 번 갈 이유도 없다. 두 번 가도 여행 사진과 활동에 큰 차이가 없다. 전주는 이렇게 습관이 되지 못하고 한때의 경험으로 남았다. 줄 서서 사고, 줄 서서 들어가고, 그러고도 사지 못해서 아쉬워하던 것들이 마트에 아무렇지 않게 쌓여 있는 경우를 많이 본다. 습관의 반열에 오르지 못한 한때의 경험 브랜드들이 그만큼 즐비하다.

대한민국 국립공원 중에서 소셜빅데이터 언급량이 가장 많은 곳은 한라산이다. 아이러니하게도 한라산은 실제 방문객수가 적은 산에 속한다. 겨울에는 더 그렇다. 그런데 한라산의 연관 계절은 '겨울'이다. 눈 내린 한라산은 한국 속 겨울왕국이라 불린다. 겨울 한라산 이미지는 가보지 않은 사람에게도 각인되어 있다. 이처럼 브랜드파워는 국립공원 중 1등이지만 한라산의 한계는 뚜렷하다. 엄두가 나지 않는다는 것, 브랜드로 치면 접근성이 떨어진다는 것이다. 한라산이 브랜드파워만큼 구매(여기서는 방문)를 높이려면 쉽게 접근할 수 있는 코스가 필요하다. 명품 브랜드의 엔트리모델, 고급 브랜드의 실용적 아이템, 선물로도 손색없는 생필품 브랜드처럼 손

브랜드는 머리로만 알지 않고
손으로도 만져야 한다.

에 잡히는 브랜드파워의 증거가 필요하다. 브랜드는 머리로만 알지 않고 손으로도 만져야 한다.

습관이 되는 경험 : 리추얼, 여행 코스화

습관의 소비는 경험으로, 경험 소비는 습관으로 자리잡아야 한다. 그러기 위해서는 학습과 변주가 필요하다. 행동은 루틴으로 반복되지만 그 안의 내용은 바뀌어서 반복이 지루하지 않게 여겨지는 것이다. 아침마다 커피를 내려서 출근하는 사람이 커피콩을 바꾸거나, 커피를 담는 텀블러를 바꾸거나, 커피와 곁들이는 음식을 바꿀 때 그의 모닝커피는 루틴이지만 지루하지 않은 것과 같다. 시즌을 거듭하는 콘텐츠가 주인공 캐릭터와 세계관 설정이라는 베이스를 바탕으로 이야기를 변주해갈 때 소비자는 콘텐츠를 알고 있으면서도 다음 시리즈를 기다린다.

반복되기 위해서는 틀거리가 필요하다. 모닝커피라는 틀거리, 시즌 콘텐츠라는 틀거리. 더현대 서울은 2024년에도 트렌드다. '팝업의 성지'라는 틀거리를 사람들에게 각인시켰기 때문이다. 그 틀거리 안에서 브랜드가 변주된다. 더현대의 떠오르는 브랜드는 해마다 바뀐다. 더현대는 틀거리와 함께 브랜드가 변주된다는 사실까지 사람들에게 각인시켰다. 따라서 사람들에게는 더현대를 다시 방문할 분명한 이유가 있다.

이 틀거리가 시간과 연계된 것이 리추얼이다. 더현대의 리추얼은 크리스마스다. 작년 크리스마스에 더현대가 만든 산타마을에 이어

올해 크리스마스가 기다려진다. 더현대는 '특정한 날'에 더현대를 또 방문할 이유를 사람들에게 학습시켰고 사람들은 설득되었다. 그로써 더현대는 '서울 여행'이라는 문화 틀거리 안에 하나의 코스로 자리잡았다.

이처럼 브랜드를 각인시키기 위한 틀거리가 필요하다. 틀거리가 없으면 1년 내내 새로운 콜라보레이션을 선보이고도 브랜드 자산으로 남지 않는다.

습관을 바꾸는 지성 : 페이, 키오스크

지성 소비를 설득하는 주체는 사업자가 아니라 소비자다. 지금 막 태어나서 마케팅을 하는 것이 아니라, 그것을 사용해본 소비자가 사용 후 간증글을 남기고 방법을 알려주고 그렇게 해본 사람이 늘어나고 늘어나서 새로운 기준으로 자리잡는 것이다.

습관을 바꾼 지성의 대표 사례는 알뜰폰이다, 신용카드 대신 휴대폰 앱으로 결제하는 온갖 ○○페이도 습관을 바꾼 지성 소비다. 점점 확대되는 키오스크 주문 및 결제 방식은 소비자의 집단지성에 의한 것은 아니지만 습관을 바꾸는 새로운 소비 방식이다. 이 셋의 공통점은 사람을 거치지 않는다는 것이다. 내가 직접 유심카드를 사서 온라인으로 개통하는 알뜰폰은 통신사 대리점 직원을 통하지 않는다. ○○페이는 신용카드를 만들기 위해 상담원을 만나지 않는다. 키오스크는 주문하고 결제하는 데 매장 점원을 거치지 않는다. 사람과 사람이 만나서 하던 일을 직접 기계와 해결하고 있다.

무인 방식은 비단 지성 소비의 영역만이 아니다. 기술의 발전, 기술을 다룰 수 있는 똑똑한 소비자, 높아지는 인건비, 비대면에 대한 소비자의 선호가 만나서 앞으로 무인 방식은 보편화될 것이다. 이미 많은 식당과 카페에 키오스크가 있고, 주문받는 사람이 아예 없는 곳도 많다. 앉아서 주문하다가 서서 주문하고 기계 앞에서 주문하기까지 습관이 매우 빠르게 바뀌는 중이다. 새로운 습관에는 최소한의 적응이 필요하다. 키오스크로 주문해야 한다는 사실을 인지해야 하고 조작 방법을 익혀야 한다. 10년 뒤에는 기계가 아니라 사람에게 주문하는 방법을 따로 익혀야 할지 모른다. 손가락으로 누를 필요 없이 자신이 원하는 메뉴를 소리 내서 말하는 연습 말이다.

지성으로 시작해 습관으로 자리잡다 : 친환경, 구독

취향을 마음의 쏠림이라 이해하면 취향으로 소비가 이루어지지 않았던 때는 없다. 예나 지금이나 마음의 쏠림을 따르고 가격 대비 가치를 따진다. 최근에는 여기에 하나를 더 생각하게 된다. 지속할 만한 일인가? 이것이 지구와 환경과 우리 삶의 지속성에 해가 되지는 않는가? 코로나 이후 생각하게 된 윤리다. 개인적으로 고려하지 않더라도 국제 기준이 달라져서 비즈니스를 한다면 고려하지 않을 수 없는 조건이 되었다.

윤리와 아무 상관이 없지만 지속성을 고려하게 된 영역은 구독 서비스다. 내가 이 서비스를 지속적으로 계속 이용하게 될까? 그게 이득인가? 이해득실을 따져서 가입하고, 써보면서 경험하고, 습관이 되면 빠져나올 수 없게 된다. 쓰지 않던 돈을 내지 않던 방식으로 내라고 설득하기는 쉽지 않았다. 수많은 콘텐츠를 볼 수 있는 권한에 매월 1만 4900원, 빠른 배송을 담보받는 데 4990원, 포인트를 2배 적립받고 디지털 콘텐츠 플랫폼 가입 효과를 얻는 데 4900원, 정녕 이 돈을 낼 필요가 있는지 나의 지성과 집단지성의 조언을 받아 결정한다.

이처럼 머리를 써서 새롭게 진입한 서비스는 효과를 자주 체감해야 한다. 매일 보고, 매일 사고, 매일 들으면서 돈값을 했다고 느껴야 한다. 위대한 걸작이 있다고 광고하는 월정액 콘텐츠 구독 서비스, 생전 꽃을 사본 적 없는 사람에게 구독료를 할인해주겠다고 하는 꽃 구독 서비스는 결이 맞지 않는 마케팅이다. 구독은 지속성을 필요로 하는 서비스인데 위대함과 특별함은 일회성이기 때문이다. 그래서는 습관이 되기 어렵다. 친환경 제품도 마찬가지다. 더 일상적이고 더 반복적으로 사용하는 제품을 강조해야 한다. 식품이라면 특식이 아니라 주식으로, 화장품이라면 매일 쓰는 립밤으로 습관에 자리잡는 것을 목표로 해야 한다.

경험이 깊어지면 지성의 영역이 된다 : 전시, 사진, 음악

상품이 예술이 되고 예술이 상품이 된다. 상품이 차고 넘치는 시대에 상품은 예술처럼 만든 사람을 드러내고, 기획의도를 강조하고, 개수를 제한해 한정판으로 만든다. 브랜드에 대한 이해가 깊어질수록 브랜드의 역사를 따지고, 근본 브랜드가 무엇인지 고려한다. 가장 상업적인 백화점에서 전시회를 연다. 유명 작가의 작품을 전시한다는 것이 백화점을 알리는 첫 번째 홍보 문구가 된다.

전시에 대한 언급은 계속해서 증가하는 추세로, 2021년 1분기 대비 2023년 1분기의 언급량이 2배 이상 상승했다. 전시의 연관어도 해마다 바뀌고 있는데 2021년은 다양한 개인 작가들이 참여한 공예, 수원 화성, 코엑스 광장 등 랜드마크를 기반으로 한 미디어아트가 주목받았다. 2022년은 요시고, 앤더슨을 중심으로 한 사진전이 각광받은 한편 각 브랜드들이 전시의 씬으로 들어오기 시작했다. 2023년에는 도슨트에 대한 관심이 높았다. 전시를 가본다는 경험이 쌓이면 전시를 이해하고 싶어진다. 전시를 많이 본 사람들은 도슨트를 요구한다. 전시의 테마 변화가 빠르다는 것은 유행에 민감하기 때문이 아니다. 그만큼 사람들의 전시 경험이 누적되어 다양한 양식의 표현들을 즉각적으로 만나고자 하는 니즈와 역량이 있음을 시사한다.

여행의 첫 번째 연관어는 '사진'이다. 맛집의 연관어도 그렇다. 대부분의 경험 장소에 가장 먼저 떠오르는 연관어는 사진이다. 태어나면서부터 1200만 화소 카메라(사실은 전화기)를 만지며 놀던 사람들은 사진에 익숙하고 잘 찍는다. 사진 관련 산업이 점차 발달한다. 시험 끝나고 청소년들의 루틴은 마라탕에 인생네컷이다. '셀프' 연관어로 가장 증가세가 높은 것은 '셀프 사진관'과 '셀프 스튜디오'다. 셀프 사진관은 사진사를 제외한 공간, 제품, 소품까지 '셀프'를 쉽게 만드는 많은 요소를 갖춘 놀이공간이다. 전시와 마찬가지로 사진 경험이 누적되어 더 나은 사진을 찍고자 하는 니즈와 역량이 갖춰졌음을 의미한다.

폰으로 가장 많이 하는 것 중 하나는 음악 듣기다. 음악은 취향의 영역인 것 같지만 지성의 영역이다. 정확히는 개인 취향을 넘어 안목을 높이는 쪽으로 진화해가고 있다. 예를 들어 재즈라는 장르를 좋아하지 않더라도 그 분야를 알기 위해서는 재즈 음악의 기원과 역사, 대표적 음악가들의 이름과 활동하던 시기, 재즈의 진화를 견인한 지역성 등을 알아야 한다. 무작정 음악을 듣기보다 그 음악을 완벽하게 이해하고 감상하기 위해 공부가 필요하다는 뜻이다. 음악 경험이 많아질수록 공부하고자 하는 의지가 높아진다.

"오늘 시티팝 디깅하는데 Seiko Matsuda, Akina Nakamori LP가 많더라구요? 이분들 노래를 좀 공부를 해와야겠더라구요. 현재로서는 너무 모르는 게 많네요. 추천해주시면 그것부터 들을게요!"

위 인용문을 습관, 경험, 지성으로 읽어보자. '습관'적으로 음악을 듣고 있었는데, 시티팝이라는 새로운 '경험'이 추가되었다. 경험을 하다 보니 공부('지성')의 필요성을 느낀다. 매일 먹는 식사, 일상을 영위하는 주거공간, 물건 파는 상업공간에 라이프스타일이라는 이름으로 새로운 경험이 추가되었다. 디지털을 통해 빠르게 정보가 공유되고, 정보를 흡수한 개인들이 발빠르게 경험을 흡수한다. 경험에 경험이 더해지고 경험이 깊어진다. 하여 지성을 요구하게 된다.

뜨는 공간이 전달하는 새로운 경험은 시각에서 후각을 거쳐 미각까지 도달했다. 다시 강조하지만 앞으로의 공간에서 새롭게 다가올 감각은 청각과 촉각이다. 이 감각의 전문가가 되자. 감각 경험이 깊어지면 개인적 취향 만족을 넘어 높은 안목을 요구할 것이다.

1. 감각적인 경험을 제공하는 브랜드, 윤리적 감수성으로 인정받는 브랜드가 되는 것은 중요하다. 하지만 브랜드의 목표는 습관으로 자리잡는 것이다.

---

2. 습관으로 자리잡은 브랜드의 목표는 변화와 확장이다.

새로운 브랜드에는 근본이 없지만, 근본이 있는 브랜드는 새로워질 수 있다.

---

3. 손님을 왕으로 모시기를 멈출 때가 되었다. 손님은 전문가와 수평적 거래를 원한다.

전문가 브랜드는 전문가 소비자에게 무엇을 줄 것인가? 습관의 완성? 감각적 경험? 지성의 충족?

《2023 트렌드 노트》우리 시대 가치관에 대한 첨언

《2023 트렌드 노트》에 우리 시대의 가치관을 '독립된 나'라는 키워드로 제시했다. 효율적 성취, 간편하게 건강 챙기기를 통해 1인분의 자아로 독립하는 과정. 이 가치관들이 어떻게 발현되었는지, 1년이 지난 시점에서 간략히 돌아보기로 하자.

[종합적으로] '독립된 나'를 완성하는 것
• 나만의 공간을 구축하고, 나의 일상을 기록하여 나를 정의하고, 나의 취향과 기호를 진화시켜 온전한 나의 세계관을 빌드업하는 것 • 그러한 내가 경제의 주체가 되고 경제의 기반이 되는 것

가치관이 쉽게 바뀔 수는 없다. '독립', '나만의 공간', '나의 일상 기록', '나의 취향과 기호 진화', '경제적 자유' 모두 여전히 중요한 키워드다. 취향의 진화와 분화, 취향이 깊어져 지식과 안목의 영역

으로 들어가는 것이 관측된다.

[방법론적으로] 효율적으로 성취하기

- 관계의 피로, 노동의 강도, 실패 가능성은 줄이고, 가시적 성과를 얻어야 한다.
- 혼자, 꾸준히, 반드시 성공하는 것 : 지속적으로 하는 것 자체가 목표가 된다.
- 결과가 아니라 과정에 상을 주는 100일 챌린지 독려, 반복되는 루틴 안에 자리잡기, 과정을 기록하기
- 핵심 키워드 : 효율, 성취, 자기관리

'효율적 성취', '꾸준한 루틴', '자기관리' 또한 여전히, 매우, 더욱 중요해지는 키워드다. 효율 분야에서 관계의 피로를 줄이는 방법이 눈에 띄게 증가했다. 웨이팅 앱, 키오스크, 셀프○○이 대세로 자리잡는 양상인데 여기서 얻는 소비자 효용은 '사람을 만나지 않아도 된다'는 안도감이다.

[방법의 하나이지만 그 자체로 가치관이 된] 간편하게 건강 챙기기

- 건강이라는 대의에 스마트하게 도달한다.
- 건강에는 개인의 정신건강, 신체건강, 지구건강이 포함된다.
- 건강을 위해 본인이 직접 할 수 있는 실천이 중요하다.
- 핵심 키워드 : '간단' 말고 '간편', 정신건강, 지구건강, 참여와 실천

건강의 중요성은 계속된다. 스스로 간편하게 건강을 챙겨야 한다는 것 역시 당위다. 닭가슴살은 운동식단이 아니라 1인가구의 주식

으로 자리잡아간다. 예상보다 정신건강에 대한 담론은 커지지 않았다. 코로나가 끝나고 밖으로 많이 나간 탓이리라.

[결과적으로 완성하고 싶은] 1인분의 자아로 독립하기

• 모두가 '나'라는 브랜드의 매니저
• 기록을 통해 나를 알아가고, 데이터로 나를 설명하고, 소비로 나를 증명한다.
• '내'가 수입의 원천이기를, 경제적으로 독립한 주체이기를 바란다.
• 핵심 키워드 : 나는 누구인가, 경제적 독립, 1인분의 몫

'1인분'이라는 키워드는 계속 곱씹어보아야 한다. 혼자 모든 것을 하겠다는 것이 아니라 1인분의 역할을 제대로 할 수 있는 사람들의 합을 원하는 것이다. 조직 내에서 일하는 방식, 개인과 조직 간의 관계 설정 변화가 요구된다. 개인의 성장을 눈감은 채 조직의 성공을 도모할 수는 없다. 많은 조직이 과거에 생각하지 않았던 조직 내 '개인'과 타협점을 찾는 중이다. 공동 작업에서 개인을 소외시키지 않고 어떻게 개인의 이름을 남길 수 있을지 고민해야 한다.

PART 1

짬

일상의 변화

Chapter 2

일하는
방식의 변화

이원희

칼퇴가 목적이 아니다

일본 드라마 〈저, 정시에 퇴근합니다.〉의 주인공 히가시야마는 젊은 팀장이다. 입사했을 때부터 6시 땡 치면 퇴근하는 것으로 유명하다. 6시에 자연스럽고 당연하게 칼퇴할 수 있는 분위기는 아니지만, 상사들도 속으로는 어떻든 형식적으로나마 주인공의 이러한 선언을 인정해준다. 한국과 마찬가지로 일본에서도 새로운 세대를 중심으로, 조직을 위해 개인이 희생하는 관행 대신 개인의 삶을 중시하는 문화가 당연시되고 있기 때문이다.

이 드라마에는 직장인의 정체성과 일하는 방식의 달라진 모습이 그려진다. 이전 직장에서 격무에 시달리다 마음의 병을 얻어 이제는 무슨 일이 있어도 칼퇴하려는 사람이 있는가 하면, 여전히 늦게까지 일하는 것이 인정받는 길이라 생각하고 야근을 밥 먹듯 하는 직원도 있다. 일하는 현장에서 지금도 재현되는 세대 갈등, 젠더 갈등도 보인다. 걸핏하면 그만둔다고 하는 신입사원이 이해 안 돼 80년대생 팀장이 절레절레 고개를 흔드는 장면, 그런 팀장을 90년대생 사원들이 꼰대라고 홍보하는 장면, 회사에 오래 앉아 있는 사람이 그래도 충성도가 높다며 칼퇴하는 직원을 못 미더워하는 관리자, 당당하게 윗사람들에게 할 말을 해서 동경의 대상이던 선배가 육아휴직을 끝내고 출근하더니 밀려나지 않기 위해 무리하거나 비굴해지는 현실이 다채롭게 그려진다. 일의 의미와 역할을 찾아가는 개개인의 모습이 지금 당장 어느 회사 사무실에 가도 목격될 법하게 생생하다.

2015년 한 광고회사 직원이 살인적인 노동강도를 이기지 못해 투신자살한 사건은 일본사회에 큰 반향과 반성을 불러일으켰다. 이후 '노동인구 각자가 개인의 사정에 맞게, 각자 원하는 방식으로, 더욱 유연하게 일할 수 있도록 지원한다'는 취지를 골자로 한 '일본의 일하는 방식 개혁' 법안이 2019년부터 시행되었다. 이 드라마도 2019년에 방영되었으니, 드라마는 현실을 반영하는 가장 트렌디한 도구임에 틀림없다.

한국도 마찬가지다. 일하는 방식과 근무환경, 문화에 대한 관심이 어느 때보다 높고 일에 대한 관점도 다양해졌다. 관점이 다양해진 만큼 갈등도 불거진다. 기성세대 관리자들은 젊은 세대가 칼퇴근을 목적으로 출근하고 워라밸만 외치며 설렁설렁 일한다고 비판한다. 과연 젊은 세대는 그런 마인드로 일하는가? 이들은 일을 소홀히 하는 사람들인가?

단언컨대 그렇지 않다. 이들 또한 누구만큼이나 열심히 일하고 잘하고 싶어 한다. 기성세대와 다른 점이 있다면 다른 누구를 위해서가 아닌 자기 자신을 위해 잘하고자 한다는 것이다. 그렇기에 조직이나 직장을 위한다는 희생 논리는 통하지 않는다.

지금의 청년세대는 직장인이라는 정체성이나 직업을 자신의 전부로 생각하지 않는다. 지금 다니는 직장을 평생 다닐 것이며 이 회사가 내 노후까지 책임져 준다는 생각은 청년세대는 물론 기성세대도 하지 않을 것이다. 자신을 책임질 사람은 자신밖에 없다고 믿고, 자신이 브랜드가 되어야 한다고 생각한다. 그래서 자신을 브랜딩하기 위한 노력으로 공부하고, 준비하고, '갓생'을 사는 직장인의 노력은 필수가 되었다. 사이드잡, 투잡, 이직, 퇴사에 대한 관심이 어느 때보다 높고, 높은 만큼 부담감도 크다.

직장인들이 이토록 열심히 공부하고 준비해서 얻고자 하는 것은? 결국 실력이다. 내가 직장에서 하는 일이 곧 나의 실력이 되고, 그 실력들이 쌓여 나의 또 다른 미래를 만든다. 일의 의미는 각자 조금씩 다르겠지만, 결국 자신의 성취와 성장으로 연결된다. 청년세대는 일하는 시간을 자기 성장의 발판으로 삼기 원한다. 그래서 기성세대의 의구심과 달리 출근하고부터 퇴근시간까지 1분도 허투루 보내지 않는다. '칼퇴근' 후의 시간을 보장받고 싶고 그 시간이 소중한 만큼, 회사에서 일하는 노동시간도 낭비 없이 효율적으로 보내고자 한다.

실제로 서점에 가보면 일 잘하는 법, '일잘러'가 되는 방법을 안내하는 서적이 쏟아져 나오고, 일잘러가 되기 위한 팁을 공유하는 클래스들도 넘쳐난다. 소셜미디어상에서도 관심이 계속 증가하는

〈'일잘러' 연관 감성어 순위〉

	2020~21년		2022~23년(~8월)
1	일 잘하다	1	일 잘하다
2	좋다	2	좋다
3	필요하다	3	다르다
4	중요하다	4	필요하다
5	다르다	5	가능하다
6	가능하다	6	성장하다
7	성장하다	7	중요하다
8	원하다	8	해결하다
9	인정받다	9	인정받다
10	해결하다	10	해소하다
11	높다	11	도움 되다
12	좋아하다	12	이해하다
13	돕다	13	돕다
14	추천하다	14	원하다
15	이해하다	15	어렵다
16	꿈꾸다	16	일 못하다
17	쉽다	17	좋아하다
18	열정	18	노력하다
19	어렵다	19	고민
20	힘들다	20	쉽다
21	감사하다	21	스트레스
22	일 못하다	22	추천하다
23	크다	23	힘들다
24	성공하다	24	크다
25	노력하다	25	적다
26	바라다	26	빠르다
27	빠르다	27	진정하다
28	도움 되다	28	높다
29	새롭다	29	바쁘다
30	취하다	30	유용하다

출처 | 생활변화관측소, 2020.01.01~2023.08.31

일하는 방식의 변화

중이다. 앞의 도표를 보면 일을 잘한다는 것은 문제해결 능력이 있고, 팀에 조력할 수 있다는 의미로 통한다. 물론 일을 잘한다는 것은 스트레스가 따르고 힘든 일도 동반한다. 하지만 일을 통해 얻고자 하는 성장의 기쁨, 성취감이 더 크다. 또한 '일잘러'의 연관어를 살펴보면 '성장'은 증가하고 '성공'은 감소했음이 눈에 띈다. 일을 잘하는 것과 성공의 연관성이 감소하고 있는 점으로 보아, 성공과 실패 여부보다는 자신의 성장에 도움이 되느냐가 더욱 중요해졌음을 알 수 있다.

'자기 브랜딩'이라는 평생의 과제를 안고 사는 직장인 입장에서 직장은 이 과제를 해결하는 데 도움이 되어야 한다. 월급을 받으니 희생을 감내해야 하는 곳이 더이상 아니다. 합리적인 방식으로 서로 윈윈하는 관계여야 한다. 회사가 그렇지 않을 경우 이들은 참지 않고 퇴사를 선택한다.

2022년에 방영된 KBS 〈시사기획 창〉 '2030은 왜 퇴사하나… MZ, 회사를 떠나다' 편은 젊은 세대의 일과 직장에 대한 생각을 다양하게 조망했다. 제조업과 서비스업은 구인이 너무 어렵고, 구하더라도 금방 그만둔다는 내용이다. 어느 전통의 제조업 관리자는 이렇게 말했다. "우리 회사 정말 좋아요. 복지로는 애들 학자금 다 대주고, 처부모의 상(喪)까지 책임져줍니다." 퇴사한 젊은 직원은 말했다. "내가 지금 결혼을 할지 안 할지도 모르는데, 20년 후의 애들 학자금과 몇십 년 후가 될지도 모를, 있지도 않은 처부모의 장례를 위해 이 회사를 다녀야 하나요?"

이 대답은 지금 내 삶이 중요하다는 젊은 직장인의 가치관을 웅변한다. 당장의 근무환경이나 일하는 문화가 개인의 삶을 존중하는 태도로 바뀌지 않으면서 몇십 년 후의 (받을지도 미지수인) 혜택을 기약하자는 것은 이치에 맞지 않게 느껴진다. 칼퇴근과 워라밸은 성장을 위해 일하는 청년세대가 자신의 시간과 생활을 소중히 하는 방식이 표현된 키워드이자 자신의 삶을 사랑하는 합리적인 방식이다. 기성세대가 오해하듯 그 자체가 목적이 아니다.

그렇다면 회사의 중요한 덕목도 바뀌어야 하지 않을까. 먼 미래에 대한 약속을 할 게 아니라 지금 구성원들이 기대하는 그 직무(일)를 할 수 있다고, 일을 통해 성장할 수 있다고, 그 일을 수행하는 데 편안한 환경(근로 환경이나 동료, 복지 제도 등)이 보장된다고 약속해야 한다. 리더와 팀장은 각자 다른 환경과 상황에서 구성원들이 성장의 기쁨을 맛보고, 그로써 조직에도 긍정적 영향을 미치고 기여할 수 있도록 방안을 고민해야 한다. 일하는 방식에도 트렌드가 있다면, 지금이야말로 중대한 변곡점에 있는 것이다.

일하는 시공간의 선택권이 주어지다

청년세대가 예전과는 다른 일하기 방식을 요구하게 된 사회적 배경이 있다. 이들의 부모 세대는 젊은 시절 종신고용을 담보로 취업을 했고, 고도성장기를 보내며 일반 직장인도 중산층의 꿈을 꾸었다. 그들은 젊은 시절을 말 그대로 회사에 바쳤고, 회사의 성장에 기여한다는 자부심으로 일했다. 하지만 급격한 경제성장 뒤의 경제 위기를 지나며 회사는 개인을 책임질 수 없게 되었다. 설령 운이 좋아 정년퇴직을 한다 해도 그다음의 노후는 누구도 책임지지 않는다는 불안감이 만연했다. 이들은 직장이 곧 자신의 정체성이었던 마지막 세대다. 그들의 자녀는 직장인이 아니라 직업인이 되었다.

이러한 인식 변화에 일하는 방식의 변화를 더욱 앞당긴 것이 주52시간 근무제와 코로나19 팬데믹이다.

2018년 7월 1일, 종업원 300인 이상 사업장과 공공기관을 대상으로 주52시간 근무제가 시행되었다. 주52시간 근무제 도입의 의의는 단순히 노동시간을 단축해 노동자의 권익을 보호하는 데만 있지 않다. 주52시간 근무제의 가장 큰 의의는 '사적 시간'의 획득이다. 이 제도가 도입됨으로써 일하는 사람들이 자신의 시간을 지배할 수 있는 기초를 마련했다고 해도 과언이 아니다.

그중에서도 평일 저녁의 풍경이 달라졌다. 평일 저녁, 즉 퇴근 후에도 무언가 할 수 있는 시간이 제도적으로 보장되었다. 이전까지 직장인은 평일은 직장에 매인 몸이라고 생각했다. 퇴근 시간이 있기는 하지만 돌발적인 회의와 야근, 회식 때문에 언제 집에 갈 수 있을지 모르는 운명에 자신을 맡기고 살아야 했다. 하지만 주52시간 근무제가 그럴 여지를 차단한 이후의 풍경은 사뭇 달라졌다. 이미 직장을 자신의 전부로 여기지 않는 젊은 세대를 중심으로, 자신의 가치를 스스로 생산할 수 있도록 준비하고 탐구하는 시도가 이

2장

어졌다. 직장인에게 공부가 필수인 시대가 되었다.

직장인의 공부는 크게 두 가지로 나뉜다. 하나는 적극적인 커리어 라인을 만들기 위한 이직준비 공부나 코딩 공부 등 자신의 직무와 관련한 공부이고, 다른 하나는 북클럽, 독서모임, 글쓰기 모임 등 당장은 아니지만 미래에 추진할 이직이나 커리어 전환을 위한 실력 쌓기다. 이렇게 직장인들이 퇴근 후의 소중한 시간을 '배움'에 쓴다는 것이 중요하다. 배운다는 것은 무언가 준비한다는 뜻이고, 준비는 그것이 나의 커리어와 미래에 긍정적 영향을 주리라는 믿음을 바탕으로 한다.

저녁 시간의 자유는 소비 채널과 유통업계에도 영향을 미쳤다. 대형마트들이 영업 마감시간을 밤 11시에서 10시로 조정했다. 퇴근이 빨라지면서 밤 10시 이후에는 고객이 눈에 띄게 줄었기 때문이다. 저녁 할인시간도 기존 8시 이후에서 7시로 바꾸었다. 드디어 직장인들도 퇴근길에 장을 보거나 간단한 먹거리를 사와서 집에서 저녁을 먹는 장면이 자연스러워졌다. 주중 저녁 시간을 오롯이 나의 공부와 모임 그리고 내가 원하는 방식의 저녁 식사를 하며 하루를 마무리할 수 있게 된 것이다.

이처럼 제도적으로 퇴근 시간이 보장되자, 상사라는 이유만으로 아무 때나 불쑥 회식이나 저녁 식사를 제안할 수 없게 되었다. 나아가 사적 시간에 대한 개념 변화는 공적 시간 개념에도 똑같이 영향을 미친다. 회식뿐 아니라 이제 많은 회사에서는 업무시간에도 갑자기 회의를 하지 않는다. 대부분 구글 캘린더 등의 플랫폼을 활용해 서로의 스케줄을 공유하고, 상대방의 시간을 고려해 미팅을 잡는다. 공적 시간에도 수평적 관계를 기반으로 타인의 시간을 배려하는 문화가 자리잡아가는 것이다. 직급에 따라 업무와 그 책임은 다르지만, 개인의 시간은 똑같이 가치 있고 똑같이 존중받아야 한다는 개념이다. 마치 줌미팅을 할 때 임원이나 신입사원이나 화면에 똑같은 크기로 나타나는 것처럼 말이다.

다른 사적 시간, 즉 주말의 개념도 더욱 확장되고 여가의 개념도 달라졌다. 필자는 주6일제이던 유년시절을 보냈다. 학교도 회사도 주6일제였기 때문에 가족 여행은 나의 방학과 아버지의 여름휴가 기간에만 갈 수 있었다. 전 국민이 7말8초에 일제히 여름휴가를 떠난 그 시절은 여가에 대한 개념이 얼마나 희박했던가. 요즘은 수시로 여행을 간다. 마음만 먹으면 금요일 저녁부터 일요일까지 2박3일 여행도 문제 없다. 반차나 연차를 쓰면 조금 더 여유로운 여행이 된다. 물론 주말여행은 더 빈번히 간다. 이렇게 매주 여행을 갈 수 있는 기회가 생긴다. 그에 따라 숙박업, 여행 관련 산업도 점점 더 확장되고 발전한다.

여행을 자주 갈수록 우리의 경험은 확장되고, 그럴수록 더 많은 경험을 원하게 된다. 여행이 일상화되는 만큼 일상과 여행의 구분 없이 살아보고자 하는 니즈도 점점 커진다. 일상과 여행을 겸하는 롱스테이에 대한 관심이 높아지면서 관련 숙박업체와 인프라들이 생겨나고 있다. 여행도 목적도 다양해졌다. 뷰를 중심으로 홀로 휴식을 취하는 여행, 액티비티를 즐기는 여행, 미식 여행 등으로 '여가'의 의미가 넓어지고 있다. 주말의 여행과 여가 시간을 통해 사람들은 자신을 재발견할 기회를 갖는다. 자신이 좋아하는 것, 원하는 것을 생각해보고 찾아 나서고 경험하면서 말이다.

이렇게 주52시간 근무제는 단순한 제도 변화 이상으로 삶에 영향력을 행사하고 있다. 회사와 집만을 오가던 주중 일상에 공부를 하거나 운동을 하거나 집에서 맛있는 요리를 만들어 먹거나 맛집을 찾거나 여행을 가는 등 무궁무진한 삶의 주도권이 생긴 것이다. 평일 저녁과 주말의 사적 시간을 대하는 태도가 능동적으로 바뀌었고, 일하는 시간과 여가 시간 모두 소중한 내 시간으로 대하는 가치관이 강화되었다. 내 시간을 소중히 하는 삶의 태도는 나의 모든 일상을 소중히 하는 태도로 진화해갔다.

주52시간 근무제로 우리 삶이 공적 임무 중심에서 개인사 중심으로 바뀌어가던 중에 코로나19라는 공통의 경험이 끼어들었다. 코로나19로 우리는 더욱 강력하게 '개인'을 돌보게 되었고, 나를 둘러싼 시공간 개념을 더 강하게 인지하기 시작했다.

코로나19로 이동이 제약되면서 출퇴근 시간, 회사에서 지내는 시간, 퇴근 후 저녁에 쓰는 개인 시간으로 분절돼 있던 시간이 갑자기 통으로 주어졌다. 나의 24시간을 오롯이 내 힘으로 운용하고 잘 써야 하는 미션이 생긴 것이다. 사람들은 갑자기 주어진 많은 시간을 어떻게 쓸지 고민했다. 집에서 업무를 처리하고 화상회의를 하기 위해 홈오피스를 차리고, 집에서 오랜 시간을 보내다 보니 집을 더 잘 꾸미기 시작하고, 스스로 끼니를 해결해야 하니 더 건강하게 먹으려 노력하고, 운동과 명상을 통해 흐트러진 몸과 마음을 다잡았다. 아침부터 자기 전까지 모닝 루틴, 점심 루틴, 나이트 루틴 등 나만의 루틴을 만들어서 자신을 관리했다. 불안하고 힘들었지만 그 덕분에 오히려 '갓생'을 실천하고, 나를 더 가꾸고, 챙기는 시간으로 쓸 수 있게 되었다.

시간 개념의 변화와 함께 공간 개념도 변화를 겪었다. 코로나 이전에는 아침이면 일제히 집을 나와서 제2의 공간으로 이동하는 것을 당연하게 여겼다. 학생은 학교로, 직장인 등 일하는 사람들은 일터로 향했다. 팬데믹 때 많은 한국인들은 회사가 아닌 집에서 일할 수도 있다는 사실을 처음으로 깨달았다. 재택근무라는 새로운 일하기 형식은 출근 근무라는 산업화의 산물에—그런 우리의 관습에—물음표를 던진 획기적인 선택지였다. 사실 재택근무 방식이 과거에 없었던 것은 아니다. 하지만 2020년 이전만 해도 재택근무는 프리랜서들의 전유물이라 여겨질 정도로, 조직에 속한 사람은 시도하기 어려운 별나라 이야기였다.

주52시간 근무제를 통해 사적 시간을 주체적으로 계획하는 자율적 삶의 가능성을 처음으로 경험했듯이, 재택근무의 보편화는 일하는 공간도 남이 정해준 대로가 아니라 내가 선택할 수 있다는 가능성을 처음으로 인식하게 했다. 물론 재택근무는 공간을 사무실에서 집으로 옮겼다는 점에서 자유로운 선택이라고 하기엔 한계가 있다. 하지만 고착화된 오피스 출근에 대립되는 개념으로서 재택근무

가 도입된 이래 원격근무, 플렉시블 워크(flexible work), 유연근무 등 더 넓은 개념의 새로운 일하기 방식이 언급되고 있다. 아주 오랜 시간 이어진 시스템과 관습에 물음표가 던져진 것이다.

《리모트 : 사무실 따윈 필요 없어!》의 저자 제이슨 프리드와 데이비드 한슨은 "새로운 럭셔리란 시간과 공간의 자유"라고 주장한다. 일하는 장소와 시간도 선택하는 개인의 자율성 획득, 이것이야말로 더 인간적이고, 풍요롭고, 만족스러운 생활방식이 아닐까.

변화의 방향은 신뢰와 유연함

사람들이 일하는 시간과 공간의 선택권을 각성한 이후, 실로 다양한 대안이 생겨나고 있다. 일하는 장소를 오피스로 제한하지 않는 재택근무와 원격근무, 하이브리드 근무(회사 출근과 재택근무가 섞인 방식), 일하는 시간을 제한하지 않는 유연근무, 플렉시블 워크, 나아가 장소와 시간에 거의 구애받지 않는 리모트 워크, 그리고 일하기와 여행을 병행하는 개념의 워케이션까지, 일하기 방식의 스펙트럼은 점점 넓어지고 있다.

어디서든 일할 수 있고 언제든 일할 수 있는 자율적인 업무방식이 제안되면서 그렇게 살고자 하는 사람들도 늘고 있다. 디지털 노마드(digital nomad)가 그들이다. 개념이야 진즉에 소개되었지만 몇 년 전까지만 해도 조직문화가 상대적으로 유연하다고 평가되는 서

구권에서나 통용될 것 같았는데, 코로나19로 재택근무가 당연한 선택지가 되면서 주춤주춤하던 디지털 노마드에 대한 관심이 증가하기 시작했다. 재택근무를 해도 업무생산성에 큰 악영향이 없고 삶의 질이 높아진다는 걸 확인한 개인들은 더 넓은 자율성을 구체적으로 원하기 시작했다.

이를 둘러싼 갈등도 불거졌다. 코로나19가 엔데믹으로 돌아서자 기업들이 재택근무를 철회하고 기존의 업무방식으로 돌아가려다 거센 반발에 부딪히는 일도 빈번하다. 한국의 대표 빅테크기업인 카카오는 재택근무 전면 폐지, 오피스 퍼스트 제도, 전 직원 출근, 일주일 몇 번 출근 등 1년 7개월 동안 출근제도를 5번이나 변경했다. 그때마다 구성원들의 비난이 빗발쳤다. 넥슨, 엔씨소프트, 넷마블 같은 주요 게임회사들도 엔데믹 전환과 함께 전면 사무실 출근으로 변경했다.

잇따른 재택근무 철회는 직원과 경영진의 신뢰 문제로까지 번졌다. 한 회사는 구직자들에게 상시 원격근무를 어필했고 이 점이 좋아 입사한 직원이 많았는데, 입사하자마자 제도를 폐지했다. '풀재택' 때문에 입사했다는 구성원들은 "채용공고에 영구상시 재택이라고 여기저기 홍보하고, 지방으로 이사 간 직원들 인터뷰해서 홍보기사로 써먹고, 채용할 때 그걸로 연봉협상을 했다. 우리는 회사 홍보에 이용당했다"라며 불만을 터뜨렸다. 내부 반발이 커지자 회사가 서둘러 사과하고 해명에 나섰지만 진정될 기미가 보이지 않아, 결국 재택근무 철회를 철회하기에 이르렀다.

이처럼 갑작스런 재택근무 철회는 재택근무(유연근무)를 기반으로 자신의 라이프스타일을 재정비한 직원들에게 경제적, 심리적 불안을 주고 갈등을 만들어낸다.

"재택근무 철회한다는데 어쩌죠? 회사 출퇴근이 너무 힘든데 ㅜㅜ 재택근무 유지하겠다는 회사 말만 믿고, 2세 계획도 있고 해서 부모님 집 근처로 집 이사 왔어요. 지금 부동산 폭락해서 팔면 너무 손해인데, 갑자기 재택근무 철회하는 바람에 어찌해야 할지 고민돼 죽겠어요. 마음이 너무 힘드네요ㅜㅜ"

해외 기업들도 사정은 비슷하다. 잘 알려진 대로 페이스북, 애플, 아마존 등의 빅테크기업, 디즈니와 같은 거대 글로벌기업도 속속 유연근무를 철회하고 있다. 미국 노동부가 250만 개 기업에 설문조사한 결과, 2021년 39.9%였던 원격근무 비율은 2022년 동기간 27.5%로 하락했다. 유연근무에 대한 고용주들의 불신의 목소리도 한층 신랄해졌다. 모건스탠리 CEO인 제임스 고먼이 "Remote work doesn't work(원격근무는 일하는 게 아니다)"라고 단언하는가 하면 일론 머스크는 집에서 일한다는 건 'X소리'라며 화이트칼라 직원들의 재택근무 요구는 '비도덕적'이라고 비난했다.

새로운 일하기 방식을 둘러싼 고용주와 피고용인의 불신에 관한 연구는 꽤 많다. 마이크로소프트는 오피스365, 팀스(Teams) 등 업무용 소프트웨어 공급에 따른 원격근무에 관해 다양한 분석을 했는데, 2022년 9월 11개국 2만 명의 사무직 노동자를 상대로 조사한 결과가 흥미롭다. 원격근무의 생산성에 대해 직원들의 87%가 '나는 생산적'이라고 응답했지만, 직원들이 생산적으로 일하고 있다고 믿는 관리자는 12%에 불과했다. 극단적인 불신과 동상이몽 아닌가.

마찬가지로 모 대기업의 사내 게시판을 분석한 결과, 재택근무에 대해 경영진과 팀장, 구성원들의 입장이 전혀 다르다는 점이 드러났다. 경영진은 직원들이 제도를 악용하고 나아가 생산성이 떨어질까 봐 두려움이 크다. 반면 이러한 두려움과 불신을 체감하는 구성원들은 마치 재택근무를 악용하는 직원인 듯 취급되는 게 못마땅하고, 회사가 자신을 신뢰하지 않는다는 사실에 실망한다. 결국 불신을 불신으로 되갚는다.

"사무실 근무는 일일보고 안 하면서 왜 사무실 아닌 곳에서 일하면 일일 보고를 해야 할까요? 관리자와 팀원들 간의 신뢰가 바탕이 되어야 한다고 봅니다."
"재택할 때마다 오늘 뭐했는지 보고해야 해요ㅎㅎ 저희 팀장님도 겉으론 아닌 것처럼 하시지만 속으론 재택률 줄여보고자 고민하시는 거 팀원들이 다 알고 있어요. 말과 표정 등에 다 드러나고. 업무효율이 낮다고 생각하고, 눈에 안 보이면 관리가 안 된다고 생각하시는 거예요. 믿음이 없는 거죠."

일하기 방식이 근본적인 변화를 겪는 지금, 핵심은 결국 경영자나 직원들의 편의 문제 또는 고용주와 고용자 간의 주도권 논리가 아닌, 신뢰의 문제다.

잠깐 필자가 근무하는 회사 이야기를 해보자. 필자가 소속된 팀은 코로나19로 기업들이 재택근무를 하기 한참 전인 2017년부터 '모바일 워크' 제도를 시행했다. 2012년에 한 달에 한 번 시도하던 재택근무의 비율을 점차 늘려 5년 만에 전면 자율근무제도를 도입한 것이다. 모바일(mobile, 이동식의, 기동성 있는)이라는 뜻에서 알 수 있듯이 집만이 아니라 어디서든 일할 수 있다는 것을 전제로 한다.[1] 물론 처음에는 팀 안팎으로 크고 작은 어려움이 있었지만 6년이 지난 지금 성공적으로 안착했다고 평가된다.

국내에 별다른 참고사례가 없었음에도 제도가 자리잡을 수 있었던 데에는 '모바일 워크'라는 이름의 힘도 크지 않았을까. 이 명칭은 일하는 사람들의 '이동성'을 기본 전제로 하고 '재택'을 강요하지 않는다. 우리는 종종 언어의 프레임 안에 갇힌다. 이제는 오피스 워크의 반대개념으로 통용되곤 하지만, 여전히 '재택근무'라는 명칭은 9-6를 지키며 집에서 꼼짝 않고 일만 해야 할 것 같은 느낌을 준다. 실제로 재택근무 초기에는 몇 분만 자리를 비워도 관리자가 업무 체크를 하며 원격감시를 한다는 불만이 많았다. 카페에 가서 일하거나 점심시간에 산책하는 행위는 규칙에 어긋나는 행동이

---

1) '모바일 워크(mobile work)'라는 개념은 오스트리아의 포스트모더니즘 건축가 한스 홀라인이 1969년 처음 제안한 인스털레이션(installation) 형태로, 신기술의 발명이 고정적인 업무시간에서 벗어나게 해줄 것이라 믿은 노마딕 라이프스타일을 실험적으로 연출한 임시건축을 일컫는다.

었다.

언어는 사고를 결정하기 때문에, 제도의 명칭은 회사가 지향하는 바를 구성원들에게 전달하는 수단이 될 수 있다. 더 큰 의미의 라이프스타일 변화를 인정하고 지원한다면, 그에 걸맞은 이름을 제도에 붙여주는 것도 좋은 방법이다. 회사가 쓰는 언어, 그 안에 얼마나 직원들을 신뢰하는지, 그들을 어떻게 대하는지가 여실히 드러나기 때문이다. 깊은 신뢰에서 나오는 표현과 제도는 분명 회사의 큰 자산이 된다.

혹자는 말한다. 플렉시블 워크나 디지털 노마드는 창의적인 일을 하는 사람이거나 개발자들만 가능한 것 아니냐고. 물론 지금까지는 IT업계처럼 원격근무가 물리적으로 가능하거나 출판사, 디자인 회사, 콘텐츠 회사, 스타트업 등 창의적이고 자유로운 근무가 상대적으로 용이한 직업군에서 이러한 제도를 먼저 도입한 것이 사실이다. 업무나 직무 특성상 원격근무나 플렉시블 워크가 어려울 수도 있다. 하지만 우리가 방점을 찍어야 할 부분은 왜 지금 이러한 일하기 방식이 중요한 화두가 되었으며, 이를 통해 사람들이 채우고자 하는 욕망은 무엇인가다.

그러므로 창의적인 일을 하지 않는다고 혹은 제조업이라는 이유로 이 변화에 관심을 꺼서는 안 된다. 우리 회사가 어떤 일을 하든 청년들은, 그리고 앞으로 들어올 더 젊은 인재들은 직무에 관계없이 새로운 방식을 공유하고 원할 것이기에 미래 세대를 위한 준비는 필수적이다.

《우리는 출근하지 않는다》에서 저자 앤 헬렌 피터슨은 이렇게 말한다. "건강한 업무 문화는 모든 직원이 진정으로 최선을 다하는 환경을 만든다. 하지만 지속 가능하고 회복탄력성 있는 문화는 직원들이 회사 밖의 삶을 누리는 것을 이해하고 그렇게 하도록 열렬히 촉구한다."

일하는 방식은 조직에서 개인으로 무게중심이 이동하는 방향으로 꾸준히 변화해왔다. 앞으로도 개개인이 일을 더 잘할 수 있도록 각자의 다양한 배경과 '사정'을 더 많이 포용하는 방향으로 변화될 것이다. 그런 점에서 새로운 일하기 방식은 단순한 편의 제공이나 시혜적인 복지가 아니다. 그보다는 새로운 일하기 방식으로 어떤 변화를 기대할지 생각해볼 것을 권한다. 독일 Z세대 창업가의 상징인 모나 가치는 "중요한 점은 직원을 가능한 한 오랫동안 직장에 묶어두거나 아예 사무실로 불러들이는 것이 아니라, 최고의 품질을 달성하는 것이다. 어떻게 해야 하는지는 스스로가 가장 잘 알고 있다"라고 말했다.

기업이 시행하는 모든 제도의 목적은 궁극적으로 구성원들 스스로 최고의 성과를 달성하는 것일 테다. 일을 잘하고 싶은 일잘러인 청년세대가 스스로 성취할 수 있게 하는 열쇠는 기업이 이미 갖고 있다.

"건강한 업무 문화는 모든 직원이
진정으로 최선을 다하는 환경을 만든다.
하지만 지속 가능하고 회복탄력성 있는 문화는
직원들이 회사 밖의 삶을 누리는 것을 이해하고
그렇게 하도록 열렬히 촉구한다."

- 앤 헬렌 피터슨,《우리는 출근하지 않는다》(반비)

저녁 있는 삶에서 밀도 있는 삶으로

변화에 발맞춰 지속 가능하고 접근 가능하고 유연한 일하기 방식을 제안하는 플랫폼도 많이 생겨나고 있다. 1인가구를 위한 주거 공유 플랫폼 '맹그로브'의 모토는 'Live & Grow'다. 오늘날 청년세대의 지향점을 잘 보여주지 않는가? 이들은 최근 일상과 여행을 접목한 롱스테이 니즈가 커짐에 따라 더 많은 곳에서 살아보는 경험을 제안하기 시작했다. 2023년 문을 연 맹그로브 고성은 한국형 워케이션의 방향성을 보여주는 결과물이다. 이번 절에서는 회사도 집도 아닌 '휴양지'에서 일한다는 점에서 급진적이면서 많은 관심을

맹그로브 고성(출처 | 맹그로브 고성)

받고 있는 워케이션을 중심으로, 일하는 방식이 어떻게 시도되고 있는지 구체적으로 살펴보고자 한다.

워케이션, 이미 시작된 변화

워케이션, 말 그대로 일(work)과 휴가(vacation)를 함께한다는 뜻이다. 워케이션은 재택근무와 유연근무에서 한발 더 나아가 '원격근무가 가능하다면 여행지나 휴양지에서 일하는 것도 가능하지 않을까'라는 물음에서 출발했다. 해외에서는 워케이션과 디지털 노마드에 대한 관심이 함께 성장했는데, 글로벌 리서치회사 센서스와이드(Censuswide)가 2022년 10월 영국 직장인 2005명을 대상으로 한 설문조사에서 46%가 지난해에 워케이션을 다녀왔다고 답했다.

한국은 어떨까? 우리나라에서 워케이션에 대한 관심은 2021년 10월 이후 가파르게 상승하고 있다. 비교적 최근에 부상한 키워드인 만큼 여전히 다양한 논의가 쏟아지고 있는데, 워케이션을 둘러싼 여러 이해관계자가 존재하고 입장차도 명확하기 때문이다. 이해관계자마다 워케이션을 통해 얻고자 하는 목적도, 그에 따른 어려운 점도 다르다.

우선 워케이션의 공급자와 수요자로 나눠서 살펴보자. 여기서 공급자는 지자체와 여행업계이고, 수요자는 워케이션을 도입하는 기업 및 실제 이용하는 개인이다. 정주인구 감소로 세수가 줄어드는 지자체에 워케이션은 수입원을 늘리고 도시소멸 시나리오에서 벗어나는 좋은 기회가 된다. '워케이션 성지'로 떠오른 제주도는

〈'워케이션' 언급 추이〉

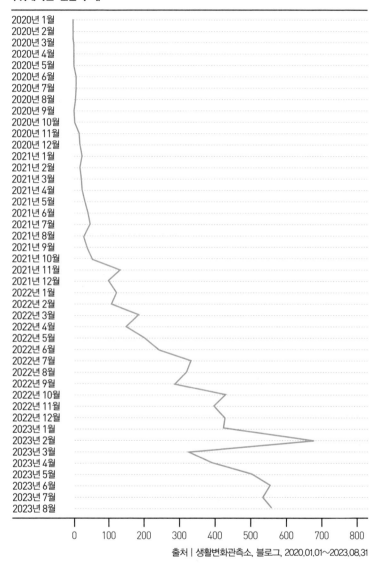

출처 | 생활변화관측소, 블로그, 2020.01.01~2023.08.31

2022년 "앞으로 5년간 워케이션 산업에 122억 원을 투입하겠다"는 계획을 내놨다. 여행업계 또한 숙박 플랫폼 활성화, 숙박업과 관광 테마상품 판매 등 산업의 큰 먹거리로 인식해 워케이션 고객 유치에 열심이다.

이번에는 워케이션의 수요자인 기업과 개인을 보자. 워케이션을 실제 이용하는 주체는 개인이지만 비용을 누가 지불하느냐에 따라 워케이션에 기대하는 바와 어려움이 달라진다. 프리랜서들은 자신이 비용을 부담하므로 자신의 필요에 따라 워케이션을 선택한다. 대부분 목적은 번아웃 방지와 디지털 노마드의 실현이며, 만족도도 높다. 반면 기업이 워케이션을 통해 기대하는 바는 크게 3가지다. 직원들의 리프레시, 리프레시 후의 업무 몰입도 제고, 회사에 대한 로열티 획득이다.

그런데 회사의 규모나 업종에 따라 미묘한 온도차가 존재한다. 전통적인 업태나 보수적인 분위기나 직종의 대기업은 자율적인 근무 방식이 존중되는 회사나 직종과는 HR 구조나 복지제도에 대한 합의가 상당히 다르다. 대기업이거나 보수적인 조직일수록 워케이션의 효과를 신중하게 바라보는 편이다. 이러한 조직은 워케이션 자체를 복지 트렌드로 접근하고 비용으로 생각하는 경향이 강하다. 그렇기 때문에 비용 대비 성과를 어떻게 측정할 것인가에 대한 고민이 커진다. 여기에 더해 계층적인 조직문화가 여전한 터라 구성원이 관리의 영역을 벗어난다는 두려움도 크다. 워케이션이라고 하면 '놀러 가는 거 아냐?' '휴가 가서 어떻게 일을 해?' '결과를 어떻

〈'워케이션' 연관 감성어 순위〉

	2022년		2023년(~8월)
1	즐기다	1	즐기다
2	떠나다	2	가능하다
3	좋다	3	떠나다
4	가능하다	4	좋다
5	제대로 되다	5	원하다
6	새롭다	6	떠오르다
7	경험하다	7	경험하다
8	떠오르다	8	확대하다
9	원하다	9	다양하다
10	번지다	10	기여하다
11	높다	11	주목받다
12	가고 싶다	12	새롭다
13	다르다	13	필요하다
14	확산되다	14	크다
15	추천하다	15	높다
16	예쁘다	16	도움 되다
17	다양하다	17	가고 싶다
18	달라지다	18	기대하다
19	취하다	19	취하다
20	선호하다	20	추천하다
21	크다	21	확산되다
22	미치다	22	성장하다
23	필요하다	23	다르다
24	맛있다	24	차별화되다
25	인정하다	25	논의하다

출처 | 생활변화관측소, 2022.01.01~2023.08.31

게 평가해?'라고 회의적인 반응부터 나오는 이유다.

회사의 의구심은 여전한 반면 소셜미디어상에 포착되는 워케이션 담론은 무르익는 중이다. 담론이 시작된 초창기인 2022년, 복지 차원으로 접근한 기업은 어떻게 효율적으로 '운영'할지가 주된 관심사였고 당사자인 개인들도 워케이션 장소의 '환경'을 가장 중요하게 보았다. 그러다 워케이션 담론이 활발해진 2023년에 크게 달라진 점은 '여행'과 '휴식'에 대한 언급을 많이 한다는 것이다. 그에 따라 워케이션을 어디로 갈지 지역 선정과 그곳에서의 체험이 중요한 고려요인으로 자리잡았다.

우리가 여행지에서 가장 많이 기대하는 것이 무엇일까? 바로 그곳에서만 가능한 경험과 체험이다. 그곳에서만 먹을 수 있는 맛있고 새로운 음식, 그곳에서만 가능한 뷰, 그곳에서만 할 수 있는 액티비티나 체험 등. 이 장면들이 워케이션에서 기대하는 새로운 씬이 되었다. 워케이션의 감성어를 보면 '새롭다'나 '가고 싶다' 등의 추상적이고 막연한 느낌에서 다양한 '경험'과 '성장'을 '기대'하는 구체적인 형태로 변화하고 있다.

장소로는 주로 바다가 있는 휴양지인 강원도나 제주도를 떠올리는 것이 일반적이다. 최근에는 치앙마이나 발리 같은 해외 휴양지나 도쿄, 시드니 같은 해외 도시 등 어디서든 워케이션이 가능하다는 것을 보여주는 디지털 노마드도 많아지고 있다. (이런 관점에서 디지털 노마드를 애니웨어 워커(anywhere worker)라 부르기도 한다.) 국내에서는 제주도를 비롯해 속초, 고성, 양양, 부산과 같이 바다 전망이 멋있거나 하동, 안동, 문경 등 수려한 산세를 끼고 있는 곳이 워케이션 장소로 인기가 많다. 공통점은? 바로 압도적인 자연과 뷰가 있다는 것.

"남편 말로는 산 보면서 일하니 스트레스가 덜하다고 한다."
"목포 스타벅스에서 바다 보며 워케이션. 노트북 타닥타닥하다가 뷰 한번 보고 다시 집중하고, 이런 일상이 필요했어. 맛있는 음식도 먹었다"
"뷰가 너무 워케이션스럽지 않아요? 산책만으로도 너무 행복합니다"
"바다 보면서 일하는 게 내 버킷리스트였는데 행복했다. ><"

잠시 뷰에 대한 이야기를 해보자. 한국 사람들은 왜 이렇게 뷰를 좋아할까? 몇 해 전부터 '뷰맛집'에 대한 관심이 증가한 것은 물론, 호텔 등 숙박업이나 카페산업에는 이미 뷰가 가장 중요한 구매요인이자 킬러 콘텐츠가 되었다. 한국의 도시 생활자 대부분은 서울이라는 대도시에 몰려 있고 엄청난 밀집도를 체감하며 산다. 아침저녁의 출퇴근 지옥철, 점심시간이면 늘 붐비는 음식점은 으레 겪는 평범한 일상이다. 이러한 도시 생활자에게 필요한 것은 번아웃을 방지하고 스트레스를 줄여줄 수 있는, 마음을 편안하게 해주는 자연이다. 우리는 자연의 뷰에 압도되고 만다.
최근 들어 'ㅇ캉스' 중에 숲캉스, 촌캉스에 대한 관심이 늘고 있다. 사람들이 날것의 투박하고 거친 자연을 원한다는 뜻이다. (말 그대로) 자연 그대로의 자연에 노출되는 경험이 적은 도시 직장인들은 자연을 담은 뷰 자체에 감동한다. 앞의 인용문에서 어떤 로망이 묻어나는가? 워케이션스러운 뷰에 감탄, 노트북 타닥타닥하면서 뷰를 만끽할 수 있는 여유, 뷰만으로도 스트레스가 줄어드는 마법… 자연 속에서 느끼는 편안함과 휴식에 대한 로망을 관찰할 수 있다.

더 밀도 있는 삶

"제주도로 워케이션 와서 퇴근 후 가만히 있었던 시간이 별로 없다. 아침부터 오후까지 직장인이다가 저녁이 되면 여행자로 바뀌는 1인 2역의 삶을 한 달 동안 사는 기분. 여기 온다고 하루가 30시간으로 바뀌는 것도 아니니, 시간을 무지 쪼개서 산다. 나랑 같이 온 동료는 매일 비타민을 나눠주고 있다. 나의 결론. 워케이션의 첫 번째 조건은 체력과 에너지라고 땅땅땅."

휴가 가서 일하는 게 가능하냐 아니냐의 논쟁을 떠나, 워케이션의 니즈는 '갓생'의 니즈와 일맥상통한다. 영양제를 먹어가며 시간을 쪼개 일하고 여행하는 모습은 더 밀도 있는 삶을 원하는 '갓생'의 방식 그 자체다. 일과 휴식이 분리되지 않는 진정 자기주도적인 삶, 내가 주인공인 삶을 사람들은 염원한다. 그것이 지금 세대가 원하는 삶의 방식이다.

'누구를 위한 워케이션인가'에서
'무엇을 위한 워케이션인가'로 질문을 바꿔보자.
워케이션의 니즈는 '갓생'의 니즈와 같다.
내 삶에 몰두하는 삶, 내가 주인공인 삶,
그것이 지금 세대가 원하는 삶의 방식이다.

누구도 나를 책임져주지 않는 세상, 자신은 자신이 책임지고 감당해야 한다는 명제가 지금 2030세대에 강력하게 작동한다. 한쪽에서는 AI나 로봇에 일자리를 위협당할 것을 두려워하고, 다른 한쪽에서는 인구감소로 좋은 인력을 유치하지 못하는 미래를 걱정한다. 고령화, 저출산, 자동화라는 암울한 미래 전망이 지배적이다. 그러나, 아니 그렇기 때문에 더 자유롭고 주체적으로 스스로 결정하는 삶을 원하는 미래 인재들이 많아지고 있다.

조직은 워케이션이나 재택근무 등 이름에 갇히지 말고 젊은 구성원들이 원하는 삶의 핵심가치에 주목해야 한다. 그들이 원하는 자기선택, 자기결정, 자기주도, 자기통제적 삶에 초점을 맞추면 새로운 방식으로 일하며 함께 성장할 수 있을 것이다. 회사가 정한 프레임과 일괄적인 룰, 시스템에 맞춰 움직이는 것이 아니라 '갓생'하며 밀도 있는 삶을 살고 싶은 그들의 욕망이 꿈틀댄다. 더 주체적인 삶, 다양한 시도와 경험으로 만드는 더욱 풍요로운 삶에 대한 갈망이다.

'누구를 위한 워케이션인가'에서 '무엇을 위한 워케이션인가'로 질문을 바꿔보자. 칼퇴가 목적이 아니듯, 워케이션 자체가 목적이 아니다. 칼퇴가 자신의 시간을 소중하게 바라보게 된 상징적인 표현이듯, 워케이션은 더 밀도 있는 삶을 살기 위한 노력의 언어다. 다양한 일하기 방식을 존중하는 것은 곧 다양한 삶의 형태에 대한 존중의 상징이 될 것이다.

1. 새로운 제너레이션의 등장 : 직장인이 아닌 직업인으로

직장이 자신의 정체성이 될 수 없음을 알기 때문에 더더욱 일을 통해 성장할 기회를 만들고 미래를 준비한다.

---

2. 선택 가능한 삶이 만든 자기존중 시대가 도래했다.

사적 시간 개념이 확대되고 일하는 공간도 선택할 수 있게 됨에 따라, 일하는 사람이 삶의 반경과 라이프스타일을 주체적으로 선택할 수 있는 가능성이 생겨났다.

---

3. 다양한 일하기 방식의 선결조건은 구성원에 대한 조직의 신뢰다.

다양한 일하기 방식 추구는 곧 다양한 삶의 방식에 대한 지지다. 삶의 다양성을 인정하고 포용하는 조직만이 살아남는다. 구성원을 신뢰하는 조직에 대해 구성원은 신뢰로 응답할 것이다.

---

4. 워케이션의 의미는 밀도 있는 삶, 주도적인 삶에 대한 청년세대의 로망이다.

워케이션 기획자를 위한 팁 : 도시를 떠난 직장인들이 '와우' 할 수 있는 요소, 특히 평소 경험할 수 없는 대자연의 '미친 뷰'를 확보하자. 더불어 그곳에서만 경험할 수 있는 새로운 미식 경험, 액티비티가 필수다.

워케이션 도입을 고민하는 기업을 위한 팁 : 워케이션은 구성원에 대한 '복지'가 아니라 '신뢰'의 문제임을 주지하자. 구성원들이 열망하는 몰두, 통제, 존중, 선택권을 워케이션에 담아낸다면, 개인의 성장은 물론 회사의 성장으로도 연결될 것이다.

Chapter 3

서울의 정체성

박현영

자산개발 원리 : 땅, 돈, 사람

자산개발회사는 어떤 땅에 얼마만큼의 돈을 써서 어떤 컨셉의 건물을 짓고 누가 오게 할 것인가를 결정한다. 이를 통해 자산, 여기서는 땅의 가치를 높인다.

땅의 위치와 용도는 대부분 정해져 있다. ○○지역에 쇼핑몰을 짓는다고 해보자. 지하철역과의 거리, 몇 호선이 지나는지, 서울의 중심인지 외곽인지, 이곳은 어떻게 인식되고 있는지, 녹지 비중, 상업시설, 주거시설 비중은 정해진 디폴트 값이다. 이런 조건 위에 어떤 컨셉으로 지을지를 결정해야 한다. 이 기본값을 역으로 이용할 수도 있고, 이 사실에 기댈 수도 있다. 어쨌든 안고 가야 하는 출발점이다.

그다음은 목표 설정이다. 목표의 핵심은 '누가 오게 할 것인가?'다. 서울 동남쪽에 위치한 신도시에 들어서는 거대한 쇼핑몰은 배후수요만으로는 그 규모와 실험적 수준을 감당할 수 없다. 더 먼 곳에서 차를 타고 와야 한다. 서울 포함 전국 각지에서 오길 바라지만 컨셉 기획과 마케팅, 테넌트 구성을 위해서 목표가 필요하다. 구체적으로 누가 오게 할 것인가? 하남에 지어진 스타필드는 강남 사는 사람들이 놀러 오듯 운전해서 오게 하는 것을 목표로 했다. 대형 하이퍼마켓(hypermarket) 외에 좀처럼 구하기 어려운 식재료와 식료품을 제공하는 프리미엄 마켓도 입점시키고 아쿠아필드, 스포츠몬스터 등 엔터테인먼트 시설을 강조했다. 무엇보다 스타필드는 반려동물을 데려올 수 있는 국내 첫 쇼핑몰이다. 백화점처럼 각 잡고 가는 곳이 아니라 우리 강아지와 산책하듯이 느긋한 마음으로 갈 수 있다. 한결 여유 있고 편안하다. 스타필드 하남은 2016년 오픈한 이래 지금까지 '놀러 가다'라는 동사와 함께 가장 많이 언급되는 쇼핑몰이다. 지금은 거의 모든 신규 쇼핑몰이 스타필드처럼 반려동물을 데려올 수 있게 한다.

쇼핑몰을 기획하고 실제 오픈하기까지 대략 5년, 짧게는 3년, 건물이 지어져 있다 해도 최소한 1~2년이 걸린다. 기획 단계에서 어떻게 5년 후를 예측할 수 있을까? 세상이 이렇게 빨리 변하는데 5년 전의 기획이 어떻게 5년 후에도 유효할까? 5년 후를 위해 현재의 데이터를 본다. 데이터를 통해 트렌드를 보는 것은 엄밀한 의미에서 '예측'이 아니다. 아무도 모르는 그 무엇을 상상해내는 것이 아니라 현재의 흐름을 포착하는 것이다. 일정한 방향성이 있으면 앞으로도 그 흐름이 강화된다고 보는 것이 합리적이다. 예를 들어 대한민국 출생률은 1970년대부터 빠른 속도로 줄어들어 1980년대 중반에 이미 저출산 사회에 진입했고 2000년대 이후 초저출산 사회가 되었다. 앞으로 출생률이 더 떨어질 거라고 예상하는 것이 합리적이다. 이것은 예측이 아니라 흐름을 포착한 것이다. 너무 당연한 흐름이라 포착했다고 하기도 민망하지만, 추세선은 이렇듯 메시지를 전한다. 미래는 언제나 과거의 발걸음 뒤에 오는 것이다.

당시 스타필드가 주목한 흐름은 사람들을 움직이는 것은 '의무'가 아니라 '즐거움'이라는 사실이었다. 사람들을 어떻게 오게 할 것인가? '전에는 의무로 와야 했다면 이제는 좋아해야 온다.' 지금도 유효한 이 말은 과거로부터 시작되었다. 온라인 쇼핑이 일반화되고 마트에서의 경험이 식상해지고 자기 시간을 소중히 여기게된 사람들은 의무적인 것은 가장 빠르고 효율적으로 해결하고 내가 좋아하는 것에 많은 시간을 투자한다. 지금만이 아니라 그때에도 이미 생필품은 온라인으로 주문하고 본인이 좋아하는 피규어를보기 위해서는 지방에서도 올라왔다. 덕후라는 말이 한국에서 유행을 타기 시작한 것이 2013년이다. '없는 거 없고 싸게 팔아요'로는통하지 않는다. 이미 10년 전부터 그 조짐이 보였고 지금은 당연해졌고 앞으로 더욱 그럴 것이다.

트렌드를 지금 유행하는 거라고만 생각하면 5년 뒤와 무관해 보이지만, 트렌드를 흐름으로 바라보면 지금부터 5년 뒤까지 이 흐름이 이어진다는 방향성이 생긴다. 지금 놓치지 말아야 할 흐름은 '콘텐츠'와 '팬덤'이다. 팬덤은 청소년들이 철없이 오빠를 외쳐대는것이 아니라 자기 정체성이고 공감 커뮤니티며 비즈니스가 활용할 수 있는 마지막 접점이다. (콘텐츠와 팬덤 문화에 대해서는 2부에서 자

미래는 언제나 과거의 발걸음 뒤에 온다.

세히 볼 수 있다.) 5년 뒤를 기획하는 자산개발 프로젝트에서는 콘텐츠와 팬덤을 반드시 고려해야 한다. 앞으로 브랜드의 타깃은 어디 사는 몇 세 정도의 누구가 아니라 '○○○ 팬덤'이라고 정의해야 할 수도 있다.

3장에서는 땅이자 브랜드이고 그 자체로 트렌드인 '서울'을 살펴보고자 한다. 질문은 두 가지다. 첫째, 자산개발 입장에서 땅은 주어진 조건(given condition)이며 변할 수 없는 것인데 서울이라는 땅은 어떻게 새로워질 수 있었을까? 둘째, 서울의 어떤 면이 사람들에게 새로움으로 받아들여지고 있을까?

파리가 된 서울

서울 여행의 상승은 2014년부터 포착되었다. 당시 프로젝트의 인사이트는 이러했다. "서울 여행과 태교 여행이 순위 상승세에 있음. 여행지로서 서울의 공간적 재발견, 여행하기 좋은 때로서 임신 기간의 재발견이 이루어짐. 수학여행은 하락하고 가족 여행은 완만히 상승 중."

태교 여행은 언급량이 하락했지만 서울 여행은 2019년까지 꾸준히 증가했고 코로나에 잠시 주춤했다가 코로나가 끝난 2022년에는 폭발적으로 증가했다.

〈'서울 여행' 언급 추이〉

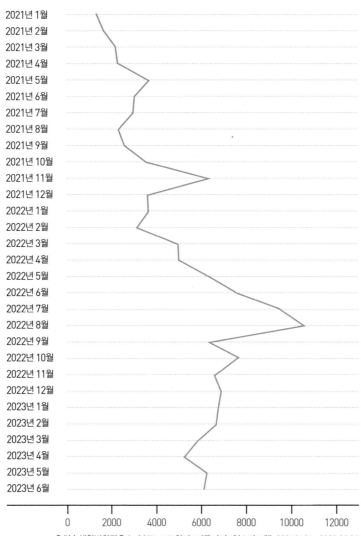

출처 | 생활변화관측소, 블로그+트위터+커뮤니티+인스타그램, 2021.01.01~2023.06.30

2014~15년의 서울 여행은 인사동, 북촌, 궁궐이 주를 이루었다. 서울에 살지만 서울을 잘 몰랐던 사람들, 방학을 이용해 서울로 여행 오는 학생들이 '서울의 재발견'이라는 명분으로 창덕궁, 경복궁에 가고 북촌, 인사동길을 걷는 식이었다. 지금처럼 서울의 카페, 쇼핑몰, 전시회를 방문하는 게 목적이 아니었다. 당시 사람들이 주목한 서울의 역사는 조선시대였다.

을지로 좁은 골목 옛 혜민서 자리에 경성 분위기의 레트로카페 '커피한약방'이 문을 연 것은 2017년이다. 을지로라는 서울의 뒷골목(어찌 보면 근대의 그늘)과 서울의 경성 시절(이자 일제 강점기라는 암흑기)이 겹쳐지면서 발생한 독특한 문화로 바라볼 수도 있겠다는 이야기를 서울의 가장 오래된 빵집 '태극당'에서 시-본 케익을 먹으며 나누었다. 코로나로 외출을 제약받기 전까지 빈티지, 레트로, 뉴트로라는 말이 조금 지겨울 정도로 들려왔고 서울의 곳곳, 특히 을지로가 부상했다. 이때 주목받은 서울의 역사는 개화기 혹은 산업화 초기였다.

성수동에 갤러리카페 '대림창고'가 문을 연 것은 2016년이다. 옛 공장을 개조한 갤러리식 대형 카페, 그 시절의 붉은 벽돌, 그 시절의 시멘트 마감 인테리어는 물론이고 여전히 생업을 유지하는 공장, 피혁상, 고물상 주변이라는 위치와 골목 골목이 성수동을 핫플레이스로 만들었다. 성수동이 간직한 역사는 1970년대와 80년대다.

이렇게 시대를 구분하긴 했지만, 사실 사람들이 주목한 것은 역사가 아니라 오리지널리티다. 오래된 것이어서가 아니라 어디서도 볼 수 없는 것이기에, 지금 만들어진 것이 아니라 흉내낼 수 없는 것이기에, 꾸며낸 것이 아니라 진짜이기에('시-본 케일'이라고 재미있게 작명한 것이 아니라 예전부터 그렇게 쓰던 것을 가져온 것이기에) 열광했다.

이 말을 뒤집으면, 새로운 건 아니라는 뜻이다. 인사동, 을지로, 성수동은 예전부터 있었다. 너무 오래 있었다. 그 자리에 계속 있던 것들이 발견된 것이다. 오리지널리티만큼 중요한, 그보다 더 중요한 것은 오리지널리티에 열광할 수 있는 새로운 눈이다. 서울을 새롭게 바라보는 눈은 그 시대를 살았던 사람이 아니다. 레트로 태극당을 찾는 손님은 길 건너 동국대 학생이지 과거에 태극당을 방문하던 손님이 아니다. 성수동을 힙하게 바라보는 사람은 시멘트가 덧발라진 붉은 벽돌 벽을 처음 보는 사람이지 '예전 우리 동네도…'라며 추억을 떠올리는 사람이 아니다. 서울의 과거를 경험하지 않았고 서울의 과거를 독특하게 바라본 사람들이 서울을 새롭게 발견했다.

이와 함께 서울을 새롭게 바라보는 사람들에 '지방러'를 추가해야 한다. '지방러'는 지방에 있는 사람들이 스스로를 부르는 단어다. '지방러'에 대한 빅데이터 언급량은 2017~19년 사이에 3배 이상 증가했다. 지방자치법이 제정된 지 30년, 그사이 대한민국의 지역 인식이 '지역 vs. 지역'에서 '서울 vs. 지방'으로 변화되었다. 다양한 문화적 경험은 서울에 집중되었다. 그로부터 소외된 지방의 젊은이들은 스스로를 '지방러'라 칭하며 시간과 돈을 들여 서울을 방문한다. 서울 대비 소외를 느끼는 지점은 구체적으로 어떤 부분일까? '지방러' 연관 소비 품목으로 '옷'보다 '커피', '신발'보다 '빵'이 많이 언급된다. 럭셔리 브랜드를 사기 위해 고속버스를 타고 신강(신세계백화점 강남점)에 오기도 하지만 그보다 내 취향에 맞는 '한잔의 커피', 내 취향에 맞는 먹을거리를 즐길 인프라가 부족하다고 호소한다. 지방러라는 인식은 공공기관 지방 이전으로 더욱 가속화되었다. 서울의 인프라를 경험한 사람이 타의로 지방에 살게 되었을 때 그 간극을 느끼는 것이다. 대부분의 브랜드가 서울 중심으로 플레이하고, 브랜드마다 소비자 경험을 극대화하기 위해 새로운 방안을 만든다. 경험이 점점 깊어지고 소비자의 눈높이도 올라간다. 지방러 눈에 서울은 흡사 외국 도시처럼 느껴진다. 지방에 문제가 있어서라기보다는 서울의 변신 속도가 너무 빨라서다.

서울을 외국처럼 바라보는 지방러의 시각에 더해 서울을 트렌드로 바라보는 외국 사람의 시각도 있다. 지방러의 시각을 만든 데 지방자치와 공공기관 지방 이전이 있다면 서울에 대한 외국인의 시각을 만든 데는 K-콘텐츠의 기여가 크다. 고층빌딩을 뒤로 한 서울의 골목 풍경, 고개를 들면 시야를 가로지르는 전선과 켜켜이 쌓인 울긋불긋한 네온사인은 일부러 만들어내려 해도 만들 수가 없다. 지상파 뉴스에서 안전에도, 미관에도 문제가 있다고 지적했던 풍경이지만 외국인들은 이를 '사이버펑크'라 부르며 미래도시적 느낌으로 해석했다. 2019년 '사이버펑크 2077'이라는 게임에서 진행했던 사이버펑크 사진 콘테스트에서 서울은 커뮤니티 투표상 1등을 받았다. 노위 알론소(Noe Alonzo)라는 외국인이 촬영한 작품이다. 현재 사이버펑크 2077 게임의 배경에는 서울이 등장한다. 2021년 콜드플레이의 '하이어 파워(Higher Power)' 공식 댄스 뮤직 비디오는 서울에서 촬영되었다.[1] 을지로 사거리의 고층빌딩과 을지로 뒷골목, 소파가 푹 꺼진 노래방, 월곡역 사거리 육교, 서울의 좁은 골목과 간판이 나온다. 서울의 골목은 교과서에 나오는 건축 양식이 아니다. 영화에 나오는 미래도시를 구현한 것도 아니다. 중세시대부터 2000년대까지 서울에 사는 사람들의 필요와 욕구의 총체적 합이 서울의 골목이다.

2023년 5월 뜨는 브랜드 스코어 1주 차에 루이비통의 잠수교 패션쇼가, 4주 차에 구찌의 경복궁 패션쇼가 주목받았다. 이들의 공통점은 명품 브랜드와 서울이라는 장소다. 명품 브랜드는 아니지만 5월 3주 차 라코스테 팝업도 남산타워에서 열려 화제가 되었다. 명품 브랜드는 늘 새로움을 추구한다. 동시에 브랜드 하나만은 놓치지 않으려고 고집한다. 이 두 가지 니즈의 교차지점이 서울의 고유한 장소로 나타났다. 명품 브랜드가 공통으로 선택한 서울이라는 장소, 그중에서도 서울만이 지닌 고유한 장소, 독특한 공간임에 주목해야 한다. 세계가 주목해서가 아니라 서울이 옛것과 새것, 일상과 특별함, 자연과 빌딩이 공존하는 누구도 흉내낼 수 없는 고유한 곳이기 때문이다. 그리고 이것을 새롭게 바라본 눈, 콘텐츠로 승화한 사람들, 이에 호

---

1) Coldplay, 'Higher Power' (Official Dance Video)

옛것과 새것, 일상과 특별함,
자연과 빌딩이 공존하는 서울의 오리지널리티.
그리고 이것을 새롭게 바라본 눈, 콘텐츠로 승화한 사람들,
이에 호응하고 공유한 사람들이
기존의 서울을 오늘의 서울로 만들었다.

응하고 공유한 사람들이 기존의 서울을 오늘의 서울로 만들었다.

트렌드는 '성수동이 떴다'는 사실도 아니고, 성수동 맛집 리스트도 아니다. 트렌드는 사람들이 경험을 자산으로 여긴다는 거대 흐름에 발맞춰 이루어진 대림창고 갤러리의 액션, 그리고 그곳을 방문해 후기를 남기고 다른 사람들을 불러 모은 사람들의 영향력과 자발적 반응의 합이다. 사회변화 더하기 브랜드 액션, 마무리로 소비자 반응이 트렌드를 만드는 3개의 재료다. 만들어진 트렌드에 다른 브랜드가 동참하고 더 많은 이들이 반응하고 여기에 자극받아 브랜드 참여가 더 커지면서 트렌드가 확장되고 사회변화로 자리잡으면 메가트렌드가 된다.

오늘의 서울 : 들어가다, 걷다, 타다

전주라는 경험이 습관으로 자리잡지 못했고, 제주 한라산이라는 로망이 손에 잡히는 경험이 되기 어려웠지만 서울은 일상, 경험, 지성의 복합체로 작용한다. 서울은 오늘도 출근하는 습관의 도시인 동시에 각 잡고 여행하는 경험의 도시이고, 지적 욕구를 충족시킬 요소도 충분한 도시다.

'습관의 서울'을 대표하는 곳은 강남과 가산이다. 가산? 의외라 생각할 수도 있지만 출근시간 지하철 하차 인원 1위는 가산디지털단지역이다. 코로나 이전까지 강남역이 1등이었지만 코로나 이후 강남역 소재 회사의 재택근무가 많아지면서 가산디지털단지역이 역전했다. 출근시간의 엄청난 유동인구, 금천구에서 녹지 비중이 가장 낮은 곳, 주말이면 도시 공동화 현상이 일어나는 곳이 가산이다. 가산은 습관(여기서는 출퇴근)의 도시이지 경험하기 위해 일부러 찾아가는 곳이 아니다. 이 사실에 근거해 가산에 출퇴근자를 위한 녹지공간을 조성할 수도 있고 부족한 문화시설을 만들 수도 있다. 반면 가산 이외의 지역에서 일부러 찾아오게 만들고자 한다면 매우 많은 투자가 이루어져야 할 것이다.

'경험의 서울'로 부상하는 곳은 여의도와 성수다. 서울 지역 내에서 가장 많이 언급되는 곳은 강남, 홍대지만 상승폭이 가장 큰 곳은 여의도와 성수다. 여의도역과 성수역도 출근시간 하차 인원이 많지만 가산이나 강남에 비해 적고, 외부 방문객 수가 많다. 여의도의 상승은 더현대 서울이 만들어낸 것이다. 주말 나들이, 가족 나들이는 있어도 상업공간 나들이라는 표현은 드문데 '더현대 나들이'라는 말은 있다. 지난 3년간 여행 연관 상승률이 가장 높은 쇼핑공간도 더현대다. 상업공간이 '오픈 특수'로 뜨는 사례는 과거에도 있었지만 3년간 지속적으로 상승하는 경우는 드문데, 더현대는 시간이 지날수록 더 상승하는 모습이다. 여행 루트는 으레 역사적 공간이나 특수한 자연을 중심으로 짜여지는데 더현대는 반대다. 상업공간인 더현대를 중심으로 여의도 한강공원이 루트에 추가되는 형국이다.

'지성의 서울'은 고궁 중심의 역사에서 전시, 미술관 중심의 문화로 이어진다. 장소로는 서촌의 갤러리, 삼각지의 국립중앙박물관, 경복궁 앞 국립현대미술관이 대표적이다. 여기에 백화점 등 상업공간에서 이루어지는 전시가 추가된다.

무엇이 사람들의 발걸음을 움직이게 하는가? 지겨운 밥벌이가, 나만 빠지고 싶지 않은 대세감이, 지적 욕구와 호기심이 무거운 발걸음을 옮기게 만든다.

코로나 이후, 그러니까 2020년부터 2023년까지 '놀러가다'와 함께 언급된 서울 지역 중에는 '롯데월드', '더현대', '성수', '북촌'의 상승세가 두드러진다. '서울 여행'의 관점으로 꾸준히 언급량이 상

〈서울 여행 지역별 심상〉

'놀러가다' 및 '서울 여행' 연관 상승 지역	해당 지역의 고유한 동사	특징 요약
성수	**들어가다,** 만나다, 가보다, 찾다, 카페 가다, 포장하다	찾아가는 재미가 있는 핫플레이스 '성수' 개별 공간 방문이 강조됨 유사 감성 : 더현대 [상업공간]
북촌	**걷다,** 구경하다, 올라가다, 돌아다니다, 들러보다, 산책하다	걷는 핫플레이스 '북촌' 개별 공간보다 지역 단위로 인식됨 유사 감성 : 서촌 [역사공간]
롯데월드(잠실)	**타다,** 놀다, 데려가다, 버스 타다, 지하철 타다	대중교통으로 아이와 가는 '롯데월드' 유사 감성 : 없음 [놀이공간]

서울의 정체성

승한 지역은 '성수', '북촌', '롯데월드' 순이다. (참고로 '서울 여행' 관련해 상승세는 아니지만 언급량 자체가 많은 지역으로는 '한강', '홍대', '명동', '경복궁'이 있다.) 성수, 북촌, 롯데월드는 놀러 가는 곳으로든 서울 여행지로든 모두 상승하는 중이다. 그런데 이 세 지역의 핵심 동사가 다르다. 빅데이터 분석을 통해 생활의 변화를 관측하는 생활변화관측소에서는 신조어보다는 동사에 주목한다. 한두 개 제품이나 마케팅으로는 바꿀 수 없는 것이 사람들의 행동이기 때문이다.

성수, 들어가다

성수의 대표 동사는 '들어가다'이다. 그 뒤를 잇는 '만나다', '가보다', '찾다', '카페 가다', '포장하다'라는 동사 모두 성수동이 어떤 곳인지 말해준다. 성수동은 카페의 천국이고, 각각의 매장을 찾아가는 곳이다. 성수동에 카페를 연 사장님들이 오늘날의 성수동을 만들었다고 해도 과언이 아니다. '성수동 카페거리'라는 입간판만 떼면 완벽하다.

"성수동. 이색적인 풍경 브루클린(브루클린 안 가봤습니다 :))을 연상케 하는 빨간 벽돌 공장 건물들. 예쁜 소품점과 카페들 사이사이에 있는 오랜 피혁가게, 자동차 공업사, 수제화 전문점들, 뻔하지 않은 상점들. 대기업이나 프랜차이즈 매장보다 소상공인 점포가 많은 곳. 복합문화공간 아는 사람들만 찾아가는 곳."

20년 전, 필자의 지인은 이탈리아에서 소품 디자인 유학을 했다. 이탈리아 카페 어느 곳을 가든 메뉴판, 티스푼, 의자 팔걸이까지 모두 소품 디자인의 교본이라고 했다. 지금 대한민국 상업공간, 어쩌면 글로벌 공간 디자인의 교본은 성수동 카페다. 성수동 카페의 식음 퀄리티와 디자인은 물론 사장님의 인성과 창업 히스토리까지 모든 것이 소비자에게 보여주고, 맛보게 하고, 들려줘야 하는 감각의 교본이다. 사람들은 그 공간에 기꺼이 '들어간다.'

제2의 성수동이 어디가 될 수 있을지 몇 년째 눈여겨보고 있지만 성수동을 대체할 만한 곳이 나오지 않는다. 성수동처럼 옛길이 있고, 확장성이 있고, 교통이 좋은 곳이 서울에 없다. 예상치 못하게 성수동의 뒤를 잇는 곳은 더현대 서울이다. 더현대 서울은 쇼핑보다 디저트, 문화(전시)로 눈길을 끌었고, 성수에서 서울숲으로 이어지듯이 한강 연계 코스가 필수 코스로 자리잡았다. 그리고 무엇보다 팝업스토어의 성지로 자리매김했다. '팝업스토어' 연관 지역 1위가 더현대 서울, 2위는 성수다. 서울에서 가장 핫한 곳들이 집결한 더현대는 서울의 가치가 상승한 혜택을 가장 많이 받고 있다고 할 수 있다. 브랜드 순환이 빠르고 한강과의 접근성까지 갖춘 더현대는 서울에서 현재 가장 핫한 브랜드와 서비스, 제품 그리고 자연까지 모두 경험할 수 있는 가장 효율적인 선택지가 되었다.

북촌, 걷다

북촌은 '걷는' 곳이다. 뒤를 잇는 동사 역시 '돌아다니다', '들러보다', '산책하다' 등 한 공간에 머물지 않고 계속 움직이고 있음을 나타낸다. 결코 싸지 않은 비용으로 한복을 대여해서 입고 북촌의 기와지붕, 담벼락과 대문을 배경으로 사진을 찍는 것이 합의된 규칙이다. 북촌은 2010년대 초반부터 빠지지 않는 서울 여행의 고전 코스이기도 하다. 북촌을 포함해 명동, 동대문, 남산, 광장시장 등이 하나의 동선처럼 인식된다. 성수동이나 여의도보다 더 넓은 코스를 돌아보는 패키지 느낌으로 '알찬 투어'의 색이 짙다. (롯데월드를 제외하면 서울 여행 연관 지역 상위 10위가 모두 강북에 있다. 지역도 북촌, 명동, 경복궁, 종로 등 예전부터 있었고 지금도 그렇고 앞으로도 그럴 만한 곳들이다.)

북촌은 1장에서 말한 '습관이 되는 경험 : 여행 코스화'의 정답 같은 곳이다. 전주 한옥마을은 습관으로 승화하지 못하고 저문 반면 북촌 한옥마을은 비슷한 그림인 것 같은데 왜 여전히 뜰 수 있는가? 답은 심상과 심상의 현행화다.

북촌의 심상은 한옥이다. 이미지로 말하면 빈티지다. 북촌은 가기 전부터 떠올리는 이미지, 본인이 하게 될 경험에 대한 기대, 바로 그 심상을 가장 최신의 낯선 문화와 결합함으로써 '이색(異色)'을 낳았다. 팝업스토어와 쇼룸이 늘어나는 것은 북촌만의 추세가 아니다. 다른 점이 있다면 북촌에 있는 모든 스토어와 쇼룸은 '북촌스럽게' 단장하고 들어온다는 점이다. 랑방, 샤넬 등 이미 익숙한 이미지로 소통되는 해외 브랜드도 북촌에 들어올 때는 한옥을 품는다. 사람들은 브랜드들의 한옥화, 북촌화를 보며 새로운 북촌을 경험한다. 타 국가의 심상과 어우러질 때도 마찬가지다. 런던 분위기를 한옥에 담은 '카페 레이어드', 한옥과 이탈리아가 어우러진 '대장장이화덕피자', 한옥에서 프랑스 빵을 먹는 '모자이크 베이커리' 등, 동서양의 조화가 오묘함과 신선함을 자아낸다.

> "한옥 사이에서 먹는 프랑스 베이커리. 한옥인데 반전으로 프랑스 빵을 팔고 있어서 동서양의 조화가 느껴지는 곳이에요."

성수동의 심상이 '인더스트리얼'과 '빈티지'라면 북촌의 심상은 '빈티지'와 '이색적'이다. 빈티지는 오래된 것이 잘 보존된 상태를 넘어 가장 세련된 스타일로 현행화된 모습을 뜻한다. 성수동의 고유한 빈티지는 공업단지에서, 북촌의 고유함은 한옥에서 나온다. 두 곳의 공통점은 현행화다. 현행화는 성수의 심상을 증명하는 카페들에 의해, 북촌의 한옥을 품고 가는 브랜드들에서 나온다. 혼자서는 현행화를 이룰 수 없다. 현행화해줄 다른 친구들이 필요하다. 그리고 나에게 친구들을 설득할 심상이 있어야 한다.

롯데월드, 타다

롯데월드는 고유명사 중에서도 고유명사다. 롯데월드는 서울 도심 한가운데 위치한, 지하철로 접근 가능한 유일한 놀이공원으로 대체 불가능하다. 롯데월드는 잠실에 위치한 롯데백화점, 에비뉴엘, 시그니엘, 롯데타워, 석촌호수와 함께 말 그대로 하나의 월드다.

똑같이 지하철로 갈 수 있는 어린이대공원과 비교되지 않고 지하철로는 갈 수 없는 에버랜드와도 비교되지 않는다. 이러한 위치에, 이러한 월드 복합체를, 대중교통으로 갈 수 있는 곳은 또 나오기 어렵다. 다른 도시에 짓는다 하더라도 의미가 없다. 서울이어야만 하는데 서울에는 이럴 수 있는 곳이 없다.

롯데월드는 타깃도 없다. 세대교체가 이루어지지 않는다. 모든 세대가 각자의 이유로 간다. 10세 미만은 부모와 함께, 10대는 친구들과, 20~30대는 연인 혹은 친구와, 30~40대는 다시 나의 10세 미만 자녀와 함께, 롯데월드를 졸업하나 싶으면 회사에서 단체 야유회를 간다. 지방러의 서울 여행지, 아이가 있는 집의 필수 코스, 데이트 장소, 새로운 세대가 끊임없이 새롭게 찾는 곳이다.

놀이동산 롯데월드를 포함한 범 롯데월드 중에서 최근에 떠오르는 강자는 호텔 시그니엘이다. 시그니엘은 쇼핑의 공간, 거주의 공간, 호텔 등 복합적인 용도를 갖추고 있지만 호텔이란 인식이 가장 강하다. 연관어를 살펴보면 '호텔'이 가장 상위에 있고 '호캉스', '뷰', '라운지', '조식', '프러포즈' 등 호텔로서의 역할이 시그니엘에 요구되는 것을 알 수 있다. 시그니엘은 2022년부터 신라호텔에 이어 호캉스 2위 호텔로 떠올랐고, 특히 서울 최고층에서 받는 프러포즈로 각인되고 있다. 시그니엘 ○○층(주로 90층 이상)에서 받는 프러포즈는 브랜드나 공간의 이름 없이도 경험의 차별화를 만든다. ○○층 자체가 하나의 브랜드로 특별함과 희소성을 내포하는 키워드처럼 활용된다. 누구나 대중교통으로 갈 수 있는 최고의 접근성에, 최고의 층과 뷰를 제공하는 호텔이 함께 있는 세계다.

서울 여행의 뜨는 지역인 성수나 북촌에는 없고 롯데월드에만 있는 것은 어트랙션이 아니라 '기억'이다. 롯데월드 건설에 참여한 세대부터 처음 방문한 세대, 이제 아이와 방문하는 세대까지 모두 롯데월드에 대한 긍정적 기억을 안고 있다.

> "부친께서 롯데건설에서 첫 직장 입사… 저는 너무 어려 기억이 나지 않지만 일반인 개장 직전 임직원 특별 개방에 온 가족이 초청받아 갔었다고 전해 들었습니다."
>
> "울 아부지 30살 때 만들어진 롯데월드가 어느덧 제가 아부지 나이가 되었네여…"
>
> "롯데월드 어릴 때 정말 많이 놀러갔죠. 잠실은 제 맘속 고향입니다."

롯데월드의 교훈은 새로운 세대에게만 놀이의 공간으로 환영받을 게 아니라 다른 세대에도 두루 긍정적인 기억으로 남는 공간을 만들어야 한다는 것이다. 새로운 세대는 추억이 현행화된 곳을 방문할 가능성이 높다. 습관적으로 '너무 빠르게 변한다'고 말하곤 하지만 롯데월드가 여전히 서울 여행 10위 안에 드는 것을 보면 변화는 생각보다 빠르지 않은지도 모른다. 설령 빠르게 변한다 하더라도 그럴수록 추억의 장소가 동시대에 살아 숨쉬는 것은 가치가 높다.

미래의 서울 : 올려지다

'미래가 두려운 너에게', '불안한 미래 대처법', '광속으로 변하는 세상'… 미래에 붙은 진부한 수식어다. 미래는 닥치는 게 아니다. 미래는 혜성처럼 날아오지 않고 당신의 선택, 나의 선택, 우리의 선택에 의해 만들어진다. 서울의 미래는 오늘 서울을 살아가는 사람들의 선택에 의해 형성될 것이다.

오늘 서울에서 주목받는 곳의 공통점은 무엇인가?

첫째, 한강과 연결된 곳이 뜬다. 더현대와 여의도 한강공원, 잠실 한강공원. 성수동과 뚝섬 한강공원, 한강과 연관된 서울 지역 순위는 여의도, 잠실, 뚝섬 그리고 반포 순이다. 반포 한강공원, 새빛섬은 노을의 성지로 알려져 있다. 미래 서울의 핫플레이스로 반포가 예상된다.

둘째, 과거의 인공물과 현대의 인공물이 합을 만들어내는 곳이 뜬다. 북촌의 한옥에 들어선 핫 브랜드들의 팝업스토어, 성수동 공장부지에 들어선 현대식 카페. 압도적인 인공건축물에 대한 찬사도 눈에 띈다. 세계적인 건축가 중 한 명인 리처드 로저스 경이 디자인한 더현대 서울, 용산의 아모레퍼시픽 사옥을 지은 데이비드 치퍼필드. 사람들이 건축과 건축가에 주목하기 시작했다. 현재 성수역 인근에 혁신 디자인을 적용한 업무시설이 지어지고 있는데 이 또한 데이비드 치퍼필드가 설계했다. 이 밖에도 세계적인 건축가와 협업하는 프로젝트가 성수동에 예정되어 있다. 성수동은 미래 서울에서도 빠지지 않을 것이다. 새로워진 서울이라는 땅, 새로운 건축이라는 액션, 이에 호응하는 사람들이라는 트렌드의 3요소가 모두 갖춰졌기 때문이다.

셋째, 비일상적인 뷰를 경험할 수 있는 곳이 뜬다. 5성급 호텔과 6성급 호텔을 가르는 기준은 뷰다. 산업적으로 그렇다는 것이 아니라 사람들 마음의 기준이 그러하다. 3성급 호텔에서는 욕실용품 구비 여부를, 4성급에서는 조식을, 5성급에서는 수영장을, 6성급에서는 뷰를 비교한다. 오션뷰, 인피니티풀에서의 뷰, 객실에 묶는 사람만이 볼 수 있는 뷰, 90층 이상의 호텔 객실에서만 볼 수 있는 시티뷰. 2023년에는 '논뷰'가 떴으니 이제 '갯벌뷰'가 뜰까? (농담이다.) 뷰가 부상한 것은 2018년 호캉스가 상승하기 시작한 때부터다. 뷰의 핵심은 독점적이고 배타적인 경험이다. 호텔에서 고가의 룸은 대부분 고층이다. 그곳은 프라이빗한 공간이고 색다른 뷰를 제공한다. 바로 그곳에서만 볼 수 있는, 지금 이 시각 나만 보고 있는 뷰다. 호텔에서 배운 뷰의 경험, 뷰에 값을 지불해야 한다는 학습이 일상에도 적용된다. 사무실 뷰가 아름다운 회사가 좋은 회사로 인식되고 뷰가 좋은 집에 높은 값을 지불한다. 메타버스로 만들어진 가상의 뷰가 아니라 진짜 하늘과 물이 보이는 자연의 뷰에 값을 지불한다. 지금도 그렇고 앞으로도 그럴 것이다.

미래 서울의 뷰는 교통수단에서 올 수 있다. 자율주행이 가능한 교통수단은 아늑하고 프라이빗한 나만의 공간이 된다. 매연이 나오지 않는 전기차는 별도의 주차장이 아니라 건물 안으로 들어올 수 있다. 자동차를 높이 들어올리는 것은 건물을 높이 쌓아 올리는 것보다 훨씬 수월하다. 고정된 층이 아니라 높이를 조정할 수도 있다. 창문이 한 방향에 고정되지 않고 360도 돌 수도 있다. 오늘, 이 시각, 이 높이에서 한강을 바라보는 사람은 내가 유일하다. 드론 택시의 상용화는 미지수지만 기술적으로는 지금도 가능하다. 도로 위의 자동차가 아니라 하늘 안의 자동차는 이미 우리 인식상에 존재한다. 하늘을 나는 자동차는 근미래라 할 수 없지만 엘리베이터를 타고 하늘 높이 들어올려진 자동차, 수평이동이 아니라 수직이동을 하는 자동차는 근미래에 가능하다.

근대는 기차에서 시작되었다. 기차 덕분에 멀리 나갈 수 있었고, 주말여행이 가능해지고, 시간 개념이 생겼다. 미래는 새로운 교통수단, 즉 자율주행 모빌리티에서 올 수 있다. 스스로 움직이는 공간 덕분에 높이 올라갈 수 있고, 짧은 여행이 가능해지고, 고도 개념이 생길 수 있다. 미래 서울의 동사는 '올려지다'가 아닐까?

지방은 어떻게 사람들을 불러모을 수 있을까? 지방이 서울처럼 되기는 어렵다. 그렇게 되어서도 안 된다. 서울의 경리단길이 각광 받는다 해서 지방마다 ○리단길을 만드는 것은 지방 고유의 오리지널리티를 쌓는 일이라 할 수 없다. 원래 있던 길을 사람들이 애칭으로 ○리단길이라 부를 수는 있지만 관(官)이 나서서 ○리단길이라는 간판을 내걸 필요도 없고 그래서도 안 된다. 우리 지역을 찾아오게 하는 것은 그런 벤치마킹이 아니라 고유성, 접근성, 효율성이다.

고유성은 시그너처 사진, 인생샷 포토존으로 대표될 수 있다. 사진만으로는 안 되지만 사진으로 표현되지 않아서는 널리 알려질 수가 없다. 최근 주목받는 대표적인 인생샷은 채석강의 요술램프 같은 해식동굴이다. '#채석강'만 검색해도 비슷한 사진들이 나온다. 가장 훌륭하고 아름다운 곳이 아니라 사람들이 인지하는 곳이 여행 후보지가 된다. 인지하기 위해서는 알려져야 하고, 알려지기 위해서는 시그너처 사진이 필요하다. 그런 면에서 채석강은 인근의 어떤 관광지보다 성공적이다.

접근성은 교통, 특히 KTX로 갈 수 있는지가 중요하다. 서울에서 차로 1시간이라는 거리보다 KTX가 정차하는 곳이 더 유리하다. 2021년 1월 KTX가 개통된 제천은 1년 만에 언급량이 4배 이상 늘었다. 호수와 어우러진 인생샷이 시그너처 사진으로 각인되면서 제천 여행을 더욱 상승시켰다.

마지막 요건은 효율성이다. 효율성은 코스와 리추얼로 대표된다. 코스는 '이것도 하고 저것도 하고'와 같은 동선의 최적화다. 할 것이 많다고 반드시 좋은 것은 아니다. 우리 지역을 알리는 고유성(시그너처)은 단 하나인 것이 유리하다. 그럼에도 시그너처 이외에 추가로 더 경험할 것이 있으면 가성비를 얻은 느낌이다. 손해 보지 않았다는 가성비는 여가를 즐기는 데에도 중요하다. 대한민국 어디에도 없는 빵집은 D지역의 고유성이 되기에 충분하다. KTX가 이 지역에 두 군데나 정차하니 접근성 또한 훌륭하다. 그런데 D지역은 빵집 말고는 갈 곳이 없다. 다시 말해 간 김에 얻어올 수 있는 추가적 이익이 없다. 훌륭한 메인요리는 있는데 사이드가 부족하다.

리추얼은 '올해도 하고 내년도 하고'와 같은 시간의 동선이다. 매년 특정한 때에 이곳을 찾는 것이 습관으로 자리잡으면 반복은 지루함이 아니라 효율이 된다. 내가 알고 있는 '이만큼'에 올해의 특별함이 '요만큼' 더해진다. 그 변주가 스토리가 되고 내 여행의 아카이브가 된다.

지역 축제는 이런 리추얼을 구현한 대표적인 예다. 하지만 실제로 한 번 가보면 다시 오고 싶은 마음이 들지 않는 경우가 많다. 무질서, 장삿속, 난잡함과 조잡함으로 주차장 입구부터 화가 나기 일쑤다. 3장 내내 '고유하고 특별한 경험'을 이야기하고 있는데, 그러려면 일단은 정돈이 필요하다. 미리 축제 티켓을 팔고 티켓 소유자만 입장하게 하는 식으로라도 정돈되어야 하고, 소비자의 눈높이에 맞춰 업그레이드되어야 한다. 소비자는 리추얼을 받아들일 준비가 되어 있다. 그에 맞는 축제가 된다면 매년 찾는 여행지가 되지 않을 이유가 없다.

소비의 목적이 필요에서 욕망으로, 욕망에서 문화로, 문화에서 사랑으로 바뀐다. 표현하자면 순서대로 '이 물건이 필요해(필요)', '이 물건이 나를 보여줘(욕망)', '나를 채워줘(문화)', '이것은 내가 애정하는 ○○이야(사랑)'라고 할 수 있다. 대표적인 상품은 차례대로 식품, 명품, 전시, 콘텐츠다.

소비하는 목적의 변화는 서울에 오는 이유와도 일맥상통한다. 서울에 올 필요가 있어서, 서울에 오고 싶어서, 서울의 문화를 즐기기 위해, 서울의 콘텐츠를 애정하기 때문에 온다. 애정의 대상은 사람만이 아니다. 동물, 식물, 무생물, 가상에만 존재하는 캐릭터, 정교하게 빌드된 세계관, 내가 역사를 지켜본 브랜드, 그 무엇일 수도 있다. 최고의 상업과 문화의 도시 서울은 콘텐츠를 품었고, 그 자체로 콘텐츠가 되었다. 의무는 즐거움을 이길 수 없다. 일 보러 가는 서울이 아니라 놀러 가는 서울이 더 파워풀하다.

1. 서울의 오리지널리티를 우리 브랜드에 활용하자.

오래된 것과 새것의 공존, 자연과 인공물의 조화, 근본성과 새로움의 결합, 이를 통한 역사의 현행화를 꾀하자.

---

2. 지방은 서울을 따라 하지 말고 오리지널리티를 만들어야 한다.

오리지널리티가 성립되면 접근성을 높이고, 코스의 일원이 되고, 리추얼을 각인시킨다. 모두 다 하려 하지 말고, 하나씩, 차례대로, 집중해서!

---

3. 사람들의 발걸음을 옮기기 위해 각 공간의 교본을 잊지 말자.

상업공간의 성수(들어가다), 역사공간의 북촌(걷다), 놀이공간의 롯데-월드(타다)

PART 2

경험의 변화

Chapter 4

주류가 된 서브

김종민

예상한 사람이 거의 없었을 것이다. 코로나19가 완화된 2023년 초, 다시 열린 극장가를 처음 차지한 영화가 애니메이션일 줄은. 심지어 한 작품만 반짝 흥행한 것도 아니다. 2023년 3월 기준 〈스즈메의 문단속〉, 〈더 퍼스트 슬램덩크〉, 〈귀멸의 칼날〉이 예매율 1~3위를 차지했다. 이들 관객수를 합산하면 2023년 1분기 전체 극장 관람객의 3분의 1에 이른다.

그중에서도 〈스즈메의 문단속〉이 이렇게까지 흥행할 것이라 예상한 사람은 더욱 적었을 것이다. 〈스즈메의 문단속〉 개봉 이전까지 〈슬램덩크〉 극장판은 2023년 개봉 영화 중 가장 먼저 400만을 돌파했고, 역대 일본 애니메이션 영화 1위의 기록을 세우고 있었다. 6년 만에 경신된 기록이라 장기간 유지될 것 같았는데 단 한 달만에 〈스즈메의 문단속〉이 이를 추월했다. (사람들은 이를 두고 〈슬램덩크〉 극장판의 기록이 원작의 '북산 엔딩' 스토리를 따라갔다고 말한다.) 그 영향은 영화 바깥으로도 이어졌다. 〈스즈메의 문단속〉 원작 소설은 4월 '밀리의서재' 차트 1위를 달성했고, 감독 신카이 마코토 및 OST를 부른 밴드 래드윔프스(RADWIMPS)가 방한하기도 했다.

수십 년 역사의 명작을 단번에 꺾은 다크호스의 등장. 그런데 이는 소셜 데이터의 언급량을 살펴보면 어느 정도 예견된 현상이 었다.

2017년으로 돌아가 보자. 시작은 신카이 마코토 감독의 〈너의 이름은〉에서부터다. 이 작품의 누적 관객수는 380만으로, 국내 극장가를 통산해서 보면 그리 큰 수치는 아니다. 〈너의 이름은〉이 개봉한 2017년에는 〈택시 운전사〉, 〈신과 함께〉처럼 1000만 관객을 넘긴 영화들도 있었다. 그런데 소셜상의 언급 추이는 사뭇 달랐다. 소셜상 월간 최대 언급량으로 보면 〈너의 이름은〉이 〈택시 운전사〉의 2배가 넘고 〈신과 함께〉의 1.5배를 넘는다. 화제성만으로 보면 〈너의 이름은〉을 당시의 사회현상이라 불러도 무방할 것이다.

물론 이 작품이 전 세대를 아우르는 대중적 대화 소재는 아니었을 것이다. 어쩌면 오프라인에서는 별로 이야기되지 않았을지 모른다. 그러나 명시적으로 드러나지 않았을 뿐, 소셜 언급량에서 보듯 작품의 파급력은 결코 작지 않았다. 그리고 이는 전작을 기억하는 사람들을 타고 〈스즈메의 문단속〉으로 이어졌다.

기성의 관점에서 이 현상은 낯설다. 〈귀멸의 칼날〉, 〈슬램덩크〉, 〈스즈메의 문단속〉까지 이어진 이 현상, 언론이 이를 분석하는 데 주로 사용한 키워드는 '마니아', '덕후', 'MZ세대'였다. 어떤가? 키워드만 놓고 봐도 이 현상이 하나의 관점으로 딱 정리되기 애매하다는 것이 드러난다. 어떤 이는 '소수의 마니아'라 호칭하며 주류 문화와는 다소 거리감이 있는 서브 문화로 바라보았다. 어떤 이는

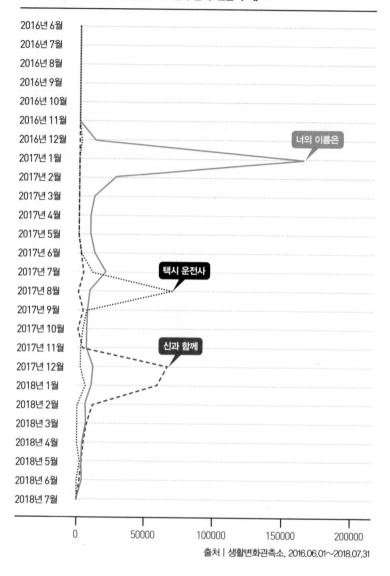

〈'너의 이름은' vs. '택시 운전사' vs. '신과 함께' 언급 추이〉

출처 | 생활변화관측소, 2016.06.01~2018.07.31

좀 더 친근한 '덕질'이라는 시선에서, 어떤 이는 'MZ세대'라는 세대적 특성으로 일반화하곤 했다.

한 가지 분명한 것은, 이 현상이 질문을 던진다는 점이다. '주류라는 것은 무엇이고, 서브라는 것은 무엇인가?'

〈슬램덩크〉도 〈스즈메의 문단속〉도 나아가 애니메이션 그 자체도 우리가 머릿속으로 떠올리는 주류 문화 기준으로는 낯설게 느껴진다. 그렇지만 서브라고 하기에는 너무 큰 현상처럼 보인다. 생활변화를 관측하는 입장에서 이러한 모호함과 괴리감은 몹시 흥미로운 주제다. 명확하게 정의되지 않는다는 것이야말로 사람들의 생활변화를 보여주는 신호이기 때문이다. 그런 면에서 '서브'를 이해하는 것은 생활의 변화를 이해하는 것과 동의어라 할 수 있다.

오늘날의 서브, 양적으로 이미 큰 것

이 시대의 '서브'란 무엇인가? '서브컬처'라는 구체적 단어로 논의를 시작해보자. 실제 사람들은 서브컬처라는 키워드를 어떻게 사용하고 있을까?

연관어로 가장 많이 쓰이는 키워드는 '일본'이다. 대체로 사람들은 일본으로부터 전해진 문화요소에 서브컬처라는 이름을 붙인다. 일본발 문화는 곧 서브컬처라는 식이다. 그러나 이는 너무 제한적인 정의 아닐까. 다른 연관어들을 보면 게임, 브랜드, 캐릭터, 아티

⟨'서브컬처' 연관어 순위⟩

	연관어
1	일본
2	게임
3	문화
4	브랜드
5	오타쿠
6	캐릭터
7	작품
8	한국
9	사회
10	음악
11	만화
12	애니메이션
13	주류
14	패션
15	서울
16	장르
17	스타일
18	영화
19	테마
20	컬렉션
21	작가
22	그래픽
23	인기
24	아티스트
25	콘텐츠
26	대중
27	소설
28	스토리
29	예술
30	굿즈

출처 | 생활변화관측소, 2021.01.01~2023.08.31

스트, 영화, 만화, 소설… 하나하나가 큼지막한 문화적 단위들이다. 서브컬처라는 이름으로 콕 집어서 부르지 않는 현상들까지 감안하면 오늘날의 '서브'는 더욱 광범위할 것이 분명하다.

한 가지 흥미로운 것은 서브컬처의 연관어에서 보이는 '주류'라는 단어다. 사람들이 '서브'의 심상을 떠올릴 때 상반된 개념인 '주류'를 함께 이야기한다는 뜻이다. 달리 말하면, 서브란 주류와의 비교를 통해 이해될 수 있다. 그렇다면 주류란 무엇인가? 주류는 크게 두 가지 기준으로 정해진다.

첫 번째는 '인지도'다. 대중적으로 많이 알고, 그래서 인식상 주류라고 여겨지는 것들이다. 브랜드 중에서는 샤넬, 나이키, 스타벅스처럼 유명한 것들이 예시가 될 수 있겠다. 콘텐츠로는 대다수가 아는 〈쇼미더머니〉, 〈런닝맨〉 같은 프로그램들이 그렇다. 주로 역사가 길고 사람들의 인식 속에 자리잡을 시간도 그만큼 길었던 것들이다.

두 번째는 '실제 이용자의 수'다. 즉 그것과의 거리가 가까운 사람들, 고관여자가 얼마나 많은가 하는 것이다. 사람들에게 많이 알려졌다고 해서 적극적으로 참여하는 사람도 많다는 보장은 없다. 예컨대 샤넬은 인지도가 높지만, 사용자 수는 인지도에 비해 소수다. 반면 나이키나 스타벅스는 인지도도 높고 사용자도 많다. 콘텐츠를 예로 들면 〈런닝맨〉은 역사가 길어 대부분이 알지만, 2023년 2분기 시청률은 3~4% 정도로 높다고 보기 어렵다. 반면 〈유 퀴즈 온 더 블럭〉은 인지도도, 시청률도 잘 챙기는 편이다. 평일에 방송되는 종편 프로그램이라는 점이 〈런닝맨〉에 비해 불리한데도 2023년 2분기 기준 시청률은 3~4% 대로 둘이 비슷하다.

인지도도 높고 사용차 수도 많은 영역은 '대중문화'라 할 수 있다. 브랜드 중에서는 매스 브랜드 또는 대중 브랜드. 인지도는 높지만 사용자가 적다면 레거시와 헤리티지가 있는 문화다. 레거시가 있어 아무나 갖지 못하기에 더 좋다고 여겨지는 브랜드거나, 과거의 영광이 있지만 지금은 소비자가 감소한 브랜드가 여기에 속할 것이다.

지금 우리가 주목할 것은 대중적 인지도는 낮지만 실제로 이용하는 사람이 많은 영역이다. 좀 더 확장하면, 대중적 인지도가 낮고 사용자도 아직 많지는 않지만 그 수가 가파르게 증가하는 '성장형'

〈오늘날 '서브'의 포지션〉

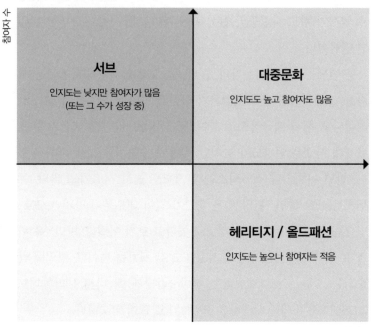

참여자 수

서브
인지도는 낮지만 참여자가 많음
(또는 그 수가 성장 중)

대중문화
인지도도 높고 참여자도 많음

헤리티지 / 올드패션
인지도는 높으나 참여자는 적음

인지도

문화들이다. 오늘날 '서브'는 바로 이곳에 위치한다. 각각의 서브컬처는 문화현상으로 불리기에 충분한, 다수의 참여자를 이미 확보했거나, 참여자가 빠르게 증가하여 공동체를 이루는 과정에 있다. 아직 대중적 인지도가 낮아 때로는 편견의 대상이 되기도 하지만, 이들 공동체가 결집하면 눈에 띄는 사회현상이 되기에 충분하다. 양적으로 이미 거대하기 때문이다.

앞서 '서브컬처' 연관어에서 보듯이 게임, 캐릭터, 영화, 아티스트, 만화, 소설, 브랜드 등 다양한 방면에서 이미 서브의 영향력이 나타나고 있다. 대표적인 예가 웹소설이다. "앞으로의 트렌드를 보려면 뭘 참고해야 할까요?" 종종 받는 흥미로운 질문이다. 분석자로서 함부로 단언하기는 조심스럽지만, 콘텐츠에 한해서만큼은 명확한 답을 가지고 있다. 바로 웹소설이다. 웹소설 팬덤은 말 그대로 미래를 산다. 주관적인 생각이 아니라, 사람들이 글로 표현하는 반응이다.

"재벌집 막내아들 3년 전에 나는 소설로 먼저 알았는데 유행하는 거 보니까 진짜 신기함… 이게 유행되는 거 보면 뭔가 앞서 산 느낌"
"재벌집… 그게 요즘 유행하는 것을 보면서 오히려 옛날 생각을 하다니…"
"재벌집 막내아들 원작은 확실히 트렌드를 이끌었지. 웹소설 패러다임을 아예 바꿔버린 소설이라고 할 수 있음… 재벌이 되는 걸 목표로 하거나 재벌 주인공들을 차용한 현대 판타지 소설이라는 점에서… 이 플롯 자체가 일종의 트렌드가 되어 중세 판타지, 무협 등 수많은 장르에서도 변주되고 있기도 하고. 근데 이것도 웹소설에선 조금 지난 트렌드인데 드라마로 유행하는 건 재밌네 내용은 좀 달라도"

웹소설의 IP는 확장되고 변주되어 웹툰, 애니메이션, 드라마, 영화로까지 뻗어나간다. 웹소설의 독자들도 그것을 알고 있다. 자신이 지금 즐기고 있는 콘텐츠가 미래에 더 큰 문화현상으로 나타날

것임을. 이들은 자신이 즐겼던 콘텐츠가 대중화되었을 때, 신선함이 아니라 '이미 지나가 버린 것'을 보는 향수를 느낀다. 그야말로 트렌드를 앞서 사는 사람의 반응이다.

거꾸로 말하면, 이들의 현재로부터 미래의 주류를 읽을 수 있다. 웹소설뿐 아니라 양이 큰 모든 서브가 마찬가지다. 2017년 〈너의 이름은〉의 시점에서 보면, 2023년의 〈스즈메의 문단속〉은 언젠가 결국 나타날 현상이었다.

'이세돌'이라는 고유명사의 변화도 흥미롭다. 2021년까지만 해도 이세돌은 알파고를 상대로 1승을 따낸 불세출의 바둑기사를 가리켰다. 그러나 2022년, 버추얼 유튜버 '이세계아이돌(이세돌)'이 등장하자 곧이어 바둑이 아닌 '아이돌'이라는 연관어가 생겨났다. 그리고 얼마 지나지 않아 '바둑 이세돌'과 '버추얼 유튜버 이세돌'의 언급량은 거의 1대 1로 박빙이 되었다.

잠깐 설명을 덧붙이자면, 이세계아이돌은 종합 게임 스트리머 '우왁굳'의 주도하에 탄생한 버추얼 유튜버 아이돌이다. 버추얼 유튜버란 실제 사람의 외형으로 활동하지 않고 애니메이션 캐릭터같이 생긴 아바타를 전면에 내세우는 방송인을 가리킨다. 버추얼 유튜버가 아이돌이 되었다는 것은 아바타를 앞세워 실제 아이돌처럼 방송, 영상, 음원 활동을 한다는 뜻이다. 물론 아바타 뒤에는 인간 '본체'가 있어 목소리나 성격은 이 본체를 따라간다. 그렇지만 방송할 때나 뮤직비디오에 출연할 때 본체가 직접 나오지는 않는다.

이세계아이돌 'KIDDING' 뮤직비디오 (출처 | '왁타버스' 유튜브 채널)

본체는 모션을 감지하는 장비를 착용하고, 화면에는 그 모션에 따라 움직이는 아바타가 나타난다.

버추얼 유튜버들은 음원 시장에도 영향을 미치고 있다. 이세계아이돌의 정식 발매 음원 'KIDDING'은 멜론 차트에서 6위를 기록하고, 빌보드 글로벌 차트에도 이름을 올렸다. 무대 출연이 없었음에도 MBC 〈쇼! 음악중심〉 13위에 안착했으며, 멜론에서 실시하는 주간인기상 후보로 임영웅, BTS와 나란히 비교되기도 했다.

"이세돌, 임영웅, 방탄소년단 Let's Go."
"새삼 느끼지만 이세계아이돌 순위가 이분들 옆에 있다는 것이 진짜 놀랍네요"

남성 5인조 버추얼 아이돌 '플레이브'는 〈쇼! 음악중심〉에 출연해 무대를 선보이기도 했다. 인간 본체가 노래를 부르고 안무를 하면 이를 감지해 아바타가 춤을 추고 표정까지 반영해 화면에 송출된다. 고퀄리티의 무대에 놀랐다는 사람들, 이를 계기로 입덕했다는 사람들의 후기가 이어졌다.

"와 신기하다 무대 퀄리티 점점 올라가네 ㅋㅋㅋㅋ 기술의 발전은 끝이 없다 공중 회전 도는 거 보고 깜짝 놀람 언제 트래킹이 이렇게까지 발전했어요? ㅋㅋㅋㅋㅋㅋ 다들 찐 사람이 안에 있어서 춤선 다 다른 것도 좋네영"
"기술력 미쳤고 멤버들이 다 작곡하고 안무까지 짜는 능력돌이라 진짜 첨엔 이게 뭐지 했다가 이 나이에 입덕해서 모든 영상을 섭렵해 보고 있는 중"

이세계아이돌, 플레이브 등 버추얼 유튜버는 '서브'로 인식되는 영역을 두루 포괄하고 있다. 애니메이션 캐릭터처럼 생긴 아바타와 3D VR 놀이공간, 소수 장르까지 아우르는 커버곡 콘텐츠, 게임 개인방송, IP를 활용한 웹툰 등이 그렇다. 그렇지만 음원 성적 및 팬덤 규모를 보면 이들을 서브라고 부르기엔 인지부조화가 온다. 윗세대의 임영웅과 같은 입지에 있다고도 할 수 있지 않을까.

음원차트에 오르고 메이저 음악 방송에 출연하는 등 이들은 이미 주류와의 경계를 허물고 있다. 이것 말고도 양이 크다는 사실만으

양이 크다는 사실 하나만으로
서브에 주목해야 할 이유는 충분하다.

로도 서브에 주목해야 할 이유는 충분하다. 양이 더 커지면 미래의 주류가 될 것이기 때문이다. 그러니 미래를 앞서 보기 위해서는 현재의 서브를 이해하는 것이 중요하다.

그렇다면 새로운 주류가 되어가는 서브가 지닌 핵심속성은 무엇인가?

주류가 되는 서브의 핵심속성

1. 현생을 도와주는 앞선 기술

서브는 대중적으로 알려지지 않았다는 점에서 최신 기술이 도입되는 실험적 장소가 된다. 단적인 예로 '서브컬처'의 연관어에 나타나는 게임, 애니메이션은 IT 기술이나 최첨단 그래픽이 적극 도입되고 개발되는 분야다. 이러한 문화를 즐기는 사람들은 성향상 얼리어답터가 많다. 공급자와 수요자 모두 최신 기술에 호의적이고 적극적이다. 나아가 오늘날의 서브컬처는 이러한 기술을 자발적으로 배우는 장이 되며, 이를 통해 현생의 커리어를 개발할 수 있도록 돕기도 한다.

메타버스, 3D 모델링, VR 스터디를 하고 커리어를 쌓아가는 국내 최대 커뮤니티가 어디인지 아는가? 공부 커뮤니티도 자격증 커뮤니티도 아닌 개인 팬카페 '왁물원'이다. 이세계아이돌의 기획자인 '우왁굳'의 팬카페에서 사람들은 자발적으로 스터디를 조직하고 신기술을 공부한다. 카페 회원 수는 52만 명. 각종 팬카페가 전성기를 구가하던 2009년 소녀시대 팬카페가 회원 30만 명이었던 것을 떠올리면 엄청난 규모다.

이세계아이돌 및 우왁굳의 팬들은 자발적으로 모여 '조공 프로젝트'를 조직하고 VR, 3D 영상 등 신기술 스터디를 해가며 눈에 보이는 결과물로 완성한다. 그 결과물은 카페 내에 공유되고 콘텐츠화된다. 내 최애 아이돌이 개인방송에서 직접 프로젝트를 언급하며 노고를 인정해준다. 재미있는 결과물은 밈으로 확산되고, 더 큰 프로젝트로 이어지기도 한다. 이 모든 과정에서 느껴지는 분위기는 '으쌰으쌰'다. 내가 덕질하는 존재가 나의 결과물을 진심으로 인정하고 공유한다면, 이만 한 동기부여가 없을 것이다.

게다가 이 동기부여는 현생의 커리어로도 이어진다. 팬덤 안에는 메타버스 및 관련 IT 기술 분야의 '금손' 현직자도 다수 있어 양질의 피드백을 받을 수 있다. 실제로 조공 프로젝트가 자신의 현생 커리어에 도움 된다는 글이 팬카페에 심심찮게 올라온다.

"이쪽 전공 아니라 잘 모르는데, 이세계아이돌 조공하는 게 포트폴리오에 들어갈 수 있음?

└ 팬카페긴 한데 대한민국에서 가장 큰 VR 관련 커뮤니티라 팬 아닌 사람도 공부하려고 들어옴. 자체적으로 아카데미를 운영해서 전문인력을 양성하고 있음. 그리고 양성된 전문인력들이 또 신입생들을 가르치고 하는 식으로 인력을 늘리고. 왁군 쪽에 전문인력이 많은 이유

가 전문가가 팬이 되는 게 아니라 팬을 전문가로 만들어서 그럼

ㄴ 단순 팬심인 사람이 더 많겠지만 커리어 쌓으려고 가는 사람도 많음. 와타버스가 현재 메타버스의 최전선이라 작업 참여하면 취업에 도움이 많이 됨.

ㄴ 또 우왁굳 콘텐츠 조공하던 사람 지금 스마일게이트 pd로 취업함 ㅋㅋ

ㄴ 취업에 도움이 됨? 카페에 자기가 만든 기술 올리고 그걸 포트폴리오 하는 거임? 그냥 단순한 팬카페가 아니구만"

"이세돌 덕질하다 직종변경한 썰

원래 하던 일이 코로나로 직격탄 맞은 업종이라 지원금 줄 테니까 휴직할 사람 휴직 좀 해라 해서 쉬고 있던 참에 겨울봄 듣고 유입해서 난생 처음 덕질이란 걸 해봄. 근데 생방 보고 VR챗 상황극이나 맵 조공 같은 거 보니까 나도 저런 거 조공하고 싶다고 생각이 든 거임.

무슨 생각이었는지 모르겠는데 유니티를 배우려고 함. 근데 알고 보니 이게 취업용 과정이더라고? 지금 직장 있는데 졸지에 멀쩡히 하던 일이 적성에 안 맞아서 직종변경 하려는 사람이 돼버림… 근데 또 막상 배우다 보니까 코딩이 진짜 적성에 맞아서 그냥 퇴직하고 얼마 전에 게임 회사 합격해서 다음 주부터 출근함 솔직히 전공X 관련경력X 인데 진짜 이쪽은 포폴만 보고도 뽑아주긴 하더라고

분명 처음엔 그냥 조공하고 싶어서 유니티나 좀 배워볼까 했던 건데 막상 개발자로 일한다고 하니까 뭔가 기분이 묘하더라"

2. 2차 창작자와 공존하는 평등한 크리에이터 생태계

콘텐츠의 영향력을 가늠하기 위해 전통적으로는 시청률, 티켓 판매량, 관객수 같은 지표가 사용된다. 〈스즈메의 문단속〉처럼 오늘날 주류가 되어가는 서브는 이 수치에서도 두각을 나타내곤 한다. 그렇지만 서브의 특성을 더 잘 반영하는 지표는 바로 2차 창작자의 규모다.

웹툰, e스포츠, 버추얼 유튜버의 공통점이 있다면? 2차 창작만으로 경제활동이 가능하다는 것이다. 각 분야의 대표 직업이라 하면 웹툰 작가, 프로게이머, 버추얼 유튜버 개인방송인을 꼽을 수 있다. 그런데 이 외에도 그들의 콘텐츠를 기반으로 2차 창작하는 크리에이터의 생태계가 활성화되어 있다. 웹툰 분석 및 리뷰 유튜버, 유명 프로게이머 경기 영상 및 게임 하이라이트 채널, 버추얼 유튜버의 클립을 편집해서 운영하는 클리퍼(clipper) 크리에이터들이 그 예다. 이들 2차 창작자의 존재가 보여주는 것은 명확하다. 원작에 대한 수요와 관심이 차고 넘쳐 2차 창작시장의 규모도 커지고 수익 창출도 된다는 것이다.

최근 주목받고 있는 인물로 클리퍼에서 출발해 버추얼 유튜버로 데뷔하고 음원까지 발매한 '허니츄러스'가 있다. 허니츄러스의 '본캐'는 20대 직장인으로, 버추얼 유튜버 '샤이릴리'의 팬 채널을 운영한 것이 시작이었다. 처음에는 퇴근 후 시간을 활용해 채널을 운영했다. 영상을 편집하고 올리는 일종의 취미활동이었다. 그런데 이 채널이 팬덤의 주목을 받아 클립 영상만으로 20만 구독자를 확보한다. 급기야 샤이릴리의 본방송에 출연하고, 이를 계기로 아바타를 제작하고 음원을 발매하며 본인이 데뷔하게 된다. 발매된 뮤직비디오의 조회수는 한 달도 되지 않아 100만을 넘겼다. 이 전체 과정이 단 1년 만에 이루어졌다. 짧은 기간에 시청자에서 2차 창작자로, 아예 1차 창작자로 변모한 것이다. (그러는 동안 직장인 본캐를 유지하고 N잡러로 활동했다는 점도 놀랍다는 평을 듣는다.)

이런 사례가 가능한 이유는, 서브 문화에서는 창작자와 소비자의 거리가 가깝기 때문이다. 이는 대중적 인지도나 권위로 출발한 것이 아니라 취향을 공유하는 사람들이 자발적으로 모였다는 특성에서 기인한다. 게다가 이들의 지지를 받는 2차 창작자는 오리지널 생산자의 위치로 금세 이동하게 된다. 여기서 읽을 수 있는 것은 두 가지다. 이 생태계가 활발히 작동하고 있고, 그 안의 사람들이 평등하다는 것. 모두가 소비자인 동시에 생산자가 될 수 있는 환경 아래 각자를 동등한 일원으로 존중한다.

오늘날 주류가 되어가는 서브는 이들 2차 크리에이터를 적극적으로 포용한다. 메이플스토리가 좋은 예시다. 《2021 트렌드 노트》에서 다룬 바 있듯, 메이플스토리는 과거 '초딩겜'으로 불리는 서브에 위치에 있었으나, 그 초등학생들이 자라 사회에 진입하며 이들의 추억을 간직한 아카이브가 되었다. 그리고 《2021 트렌드 노트》 시점에서 3년이 흐른 지금 메이플스토리는 대체 불가, 망하지 않는 게임이라는 인식이 더욱 공고해졌다. 그사이에 확률 조작 등 숱한 논란을 겪었음에도 오히려 새로운 전성기를 맞는 것처럼 보인다. 2023년 7월 기준 메이플스토리의 PC방 점유율은 2위까지 상승하는데 이는 배틀그라운드, 오버워치, 심지어 4050세대의 애환(?)이 담긴 디아블로4를 넘는 결과다. 단순히 2030세대의 추억이라는 요인만으로는 설명되지 않는 현상이다. 비슷한 시기에 등장해 2030세대라면 누구나 플레이했을 카트라이더는 역사 속으로 사라지지 않았는가.

메이플스토리의 재부상에는 2차 크리에이터, 특히 개인방송인들이 주요한 역할을 했다. 메이플스토리의 신규 콘텐츠를 확산시킨 것이 바로 이들이기 때문이다. 평소 메이플스토리를 하지 않던 사람이라도 개인방송의 쇼츠로는 부담 없이 게임 콘텐츠를 접할 수 있고, 이는 뉴비들의 유입을 북돋았다. 메이플스토리의 강원기 디렉터는 크리에이터들의 개인방송에 적극 출연하며 그 접점을 더욱 강화했다. 그는 유저들이 궁금해하는 게임 콘텐츠 기획의 비하인드를 밝히고, '메이플 캐릭터 이상형 월드컵' 등을 활용해 캐릭터 디자인 철학을 자연스레 풀어냈다. 크리에이터와의 케미를 보여주며 밈을 활용해 소통하는 그에게 친근함과 진정성을 느끼게 됐다는 반응도 많았다.

"공식 방송 나오는 것보다 이렇게 인방(인터넷 방송) 예능으로 나와서 케미 보여주는 거 참 좋네요"
"메이플에 마음이 한번 떠나고 다시 돌아왔어요. 처음에는 원기님이 냉정하고 관심이 없는 사람처럼 느껴졌는데 최근 들어 여러 채널에서 유튜브 합방(합동방송)하시는 거 보면 형처럼 친근하게 느껴지네요. 메이플이란 게임에 다시 한 번 애정을 느낄 수 있었어요. 앞으로 이렇게 흥행만 하는 메이플로 남았으면 좋겠습니다."

2차 크리에이터 생태계와의 공존이 중요하다는 것을 메이플스토리 운영진은 잘 알고 있었던 것 같다. 메이플스토리는 '크리에이터즈'라는 서비스를 도입했다. 한마디로 요약하면 게임사의 수익을 크리에이터와 나누는 것이다. 유저들이 게임 캐시를 충전할 때 금액 일부는 메이플스토리 크리에이터를 후원하는 데 쓰이며, 누구를 후원할지는 유저들 마음이다. 그 결과 크리에이터들은 메이플스토리를 플레이하지 않는 동료 스트리머들과 자연스럽게 어울리면서 영업(?)을 하게 되고, 그 결과 메이플스토리가 2차 창작자와 함께 개인방송 전반으로 확장되는 순환구조를 이루게 되었다.

이처럼 오늘날 주류가 되는 서브에는 중심 콘텐츠 주변으로 활성화된 2차 창작자 생태계가 있다. 그리고 이들은 평등한 관계로 소통하고 공존한다. 크리에이터들과 동업자로서 함께 성장하겠다는 사고방식은 생태계 구성원들에게 녹아들어 자발적으로 서브를 더 큰 문화현상으로 만들어 확산되도록 한다.

3. 당당한 나, 더 큰 우리로 만들어주는 플랫폼

앞서 '서브컬처'의 연관어에서 보였던 키워드에 '오타쿠'가 있었다. '오타쿠'라는 단어가 주는 심상은 어떠한가? 뭔가 편견의 대상

〈'오타쿠' 연관어 순위〉

	2014년		2023년(~8월)
1	일본	1	친구
2	만화	2	노래
3	친구	3	생각
4	여자	4	취향
5	캐릭터	5	그림
6	애니메이션	6	캐릭터
7	게임	7	게임
8	일반인	8	마음
9	오덕	9	인생
10	리듬	10	사진
11	취미	11	일본
12	게이머	12	심장
13	블로그	13	장르
14	그림	14	만화
15	문화	15	최애
16	기분	16	집
17	피규어	17	영화
18	생각	18	일상
19	노래	19	과몰입
20	학교	20	굿즈
21	남자	21	행사
22	변태	22	덕질
23	일본어	23	카페
24	기질	24	설정
25	아이돌	25	일본어
26	작품	26	트친소
27	취향	27	작품
28	말투	28	슬램덩크
29	단어	29	블로그
30	히키코모리	30	아이돌

출처 | 생활변화관측소, 2014.01.01~2014.12.31, 2023.01.01~2023.08.31

주류가 된 서브

처럼 느껴진다고 말하는 사람도 있을 것이다. 그러나 이는 과거의 이야기다.

2014년과 2023년 '오타쿠'의 연관어를 비교하면 그 변화가 더 잘 드러난다. 2014년의 오타쿠는 말투, 기질 등의 속성에서 일반인과 구분되며, '변태'나 '히키코모리' 같은 부정적 단어가 눈에 띈다. 그러나 2023년에 오타쿠와 함께 가장 많이 언급되는 키워드는 '친구'다. 멀리 동떨어진 편견의 대상이 아니라 주변에서 함께 어울리는 대상 중 하나다.

> "친구들에게 '사랑은~' 했을 때 반응이 웃김
> 갓반인(일반인)친구 : 은하수다방 문앞에서 만나
> 오타쿠친구 : 스릴쇼크서스펜스(애니메이션 명탐정 코난 주제가)"
> "사실 난 대놓고 오타쿠라 이미 갓반인 친한 친구들에게 다 들켰음. 그치만 친구 중 8명 중 5명이 오타쿠라 괜찮아"
> "난 내가 오타쿠인 줄 알았는데 나도 갓반인 축에 들더라 ㅋㅋㅋ 오타쿠 친구들이랑 대화하면 난 갓반인용(?) 포토카드만 들고 다닌다고 놀려 ㅋㅋㅋ"

무엇보다 2023년의 '오타쿠'는 자기발화의 언어임을 주목해야 한다. 즉 자신을 지칭하는 용어로 사용된다. 실제 '오타쿠'의 다른 연관어들을 보면 '취향', '마음', '인생', '최애' 등 취향을 긍정하는 키워드들이 눈에 띈다. 자신이 좋아하는 바를 인정하고 당당하게 말하는 태도가 엿보인다.

> "갑자기 굿즈 구경 중인데 이거 일러스트 나 같은 오타쿠 취향저격
> 임… 왜 이 캐릭터들은 상남자 상여자들뿐이라서 오타쿠 마음을 불태
> 우는지…"
> "난 오타쿠라서 이런 게 좋아…이 투명포카에 리본 너무 사랑스러
> 움."
> "드디어 나도 포카 받았다. 영롱해… 난 행복한 오타쿠야"

자신의 취향에 당당한 사람은 취향을 공유하는 동류를 찾는 법. 새로운 관계를 찾는 것은 쉬운 일이 아니지만, 취향이 같다면 요즘 시대에는 큰 노력을 들이지 않아도 된다. 플랫폼이 도와주기 때문이다.

유튜브 플레이리스트를 보자. 유튜브 플레이리스트가 다른 서비스와 구별되는 특징 하나는 댓글을 통해 취향이 비슷한 사람들이 소통하고 모이는 장이 된다는 점, 그리고 원곡이 아닌 커버곡을 담을 수 있어 더 다양한 서브도 포괄한다는 점이다. 애초에 취향저격 플레이리스트를 발견했다는 것은, 자신과 취향이 비슷한 누군가가 생산자 혹은 큐레이터로서 존재한다는 의미다. '나만 좋아하는 것이 아니었어'라는 감정은 서브 문화의 디테일한 취향을 담은 플레이리스트에서 흔히 관찰된다.

"와 완전 소오름 제가 요새 좋아하는 노래들 따로따로 듣고 있던 거 전부 하나로 모아놓으셨어욬ㅋㅋㅋㅋㅋㅋㅋ"
"와… 제 최애곡들 다 모여 있습니다… 이렇게 제 최애 노래 다 담긴 플리 찾고 있었는데… 여기가 맛집이네요"

이렇게 긍정적으로 확인된 내 취향을 추천 알고리즘이 더 강화한다. 추천 알고리즘은 그 영상을 시청한 사람들의 데이터를 바탕으로 다음에 볼 콘텐츠를 추천해준다. 자신과 비슷한 사람 혹은 자신보다 앞서 덕질을 시작한 사람의 발자취를 따라 계속 새로운 걸음을 내디딜 수 있게 한다.

"친구가 진짜 일본 애니메이션 절대 안 보는 친구인데 유튜브 알고리즘에 의해 주술회전 1기 줄거리 영상을 보게 된 이후로 빠져버림… 갑자기 전화가 와서 받았더니 주술회전 미쳤따 하면서 자기가 알고리즘에 떠서 봤는데 주술회전에서 그 캐릭터 나왔을 때 어머 자기야 육성으로 뱉었다는데 너무 웃겼엌ㅋㅋㅋ"

이를 더 큰 현상으로 확장시키는 것이 숏폼 챌린지다. 놀이의 형식으로 바이럴되는 숏폼 콘텐츠는 파급력의 확산 속도가 10분짜리 유튜브 영상보다 훨씬 빠르다. 서브를 즐기던 당당한 나는 이 흐름을 타고, '우리'의 범위도 확장된다.
2020년부터 트렌드를 이어오는 J-pop과 애니메이션이 그 예다.

J-pop은 유튜브 플랫폼의 추천 영상과 알고리즘으로, 애니메이션은 〈진격의 거인〉, 〈귀멸의 칼날〉 등을 확보한 넷플릭스 덕분에 접근성이 점차 좋아졌다. J-pop 아티스트들이 애니메이션 수록곡에 다수 참여한다는 점에서 두 분야의 시너지 효과도 있었다. 그리고 최근에는 국내 연예인들의 챌린지를 통해 대중적으로 더 확장됐다. 다나카-주우재의 '귀여워서 미안해' 챌린지는 조회수 146만, 아이브 장원영이 선보인 애니메이션 〈최애의 아이〉 주제곡 챌린지 조회수는 435만에 육박한다.

그 영향일까, 2023년 현재 코인노래방에서는 팝송보다 J-pop이 더 많이 불리고 있다. K-pop 1위 곡은 코인노래방에서 매일 3만 회 정도 선곡된다. J-pop 1위 곡은 7000회, 팝송 1위 곡은 3700회 정도다. J-pop 1위 곡은 K-pop으로 치면 36위 정도로 꽤 상위권이다. J-pop 2위 곡도 5000회 정도 선곡되니 1위만의 아웃라이어 현상이라 보기는 어렵다.

흥미로운 것은 2020년 이전부터 J-pop을 즐겨왔던 사람들의 반응이다. 이들은 "나만 아는 것이었는데, 너무 유명해진 인싸픽이 되어버렸다"는 아쉬움을 표현하곤 한다. 그런데 필자의 주변에서 이렇게 말한 사람만 여러 명이다. 모두가 자신만 안다고 생각했지만, 그렇게 생각한 사람은 이미 많았다. 그저 현생에서는 티를 내지 않고 플레이리스트를 만들어가며 온라인에서 공유해왔을 뿐이다. 2019년 버전의 J-pop 플레이리스트 조회수가 300만이라는 점이 이를 증명한다.

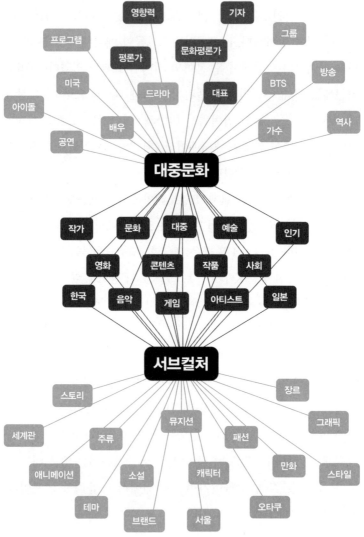

〈'서브컬처' vs. '대중문화' 연관어〉

영향력 기자 그룹 프로그램 문화평론가 평론가 미국 드라마 대표 BTS 방송 아이돌 배우 가수 역사 공연

대중문화

작가 문화 대중 예술 인기 영화 콘텐츠 작품 사회 한국 음악 게임 아티스트 일본

서브컬처

스토리 장르 세계관 뮤지션 그래픽 주류 패션 애니메이션 소설 캐릭터 만화 스타일 테마 브랜드 서울 오타쿠

출처 | 생활변화관측소, 2021.01.01~2023.08.31

오늘날의 서브는 당당한 '덕후'로 출발해, 비슷한 '우리'를 발견해가며 더 큰 공동체로 확장되고 있다. 그렇다면 이제 서브가 아니라 주류라고 불러도 무방하지 않을까? 그런데 이처럼 공동체를 이룬 이들이 주류와 비교했을 때 아직 부족한 한 가지가 있다. 그것은 주류의 대중문화에 자신을 대변해줄 스피커, 즉 대표자다.

도표를 보면 '대중문화'에는 있는데 '서브컬처'에는 없는 연관어가 눈에 띈다. '평론가', '대표', '영향력', '기자' 등이다. 대중문화에는 영향력을 행사하는 대표주자 격의 평론가나 기자들이 있는데, 서브컬처에는 이런 존재가 필요 없다는 뜻일까? 그렇지는 않다. 서브 공동체 또한 그들을 대변해줄 존재를 원하고 있다. 자신의 문화를 깊이 이해하고 분석하며 소개해줄 존재를.

"내가 정말로 요즘 바라고 있는 건 이런 소수장르에도 평론이 생기고 평론가 별점이 생기는 것임. 하지만… 서브컬처 소설문화에 이런 걸 바라는 건 너무 나간 거겠지…"

"유튜브 인급동에 오르는 체인소맨이나 최애의 아이 같은 일본 서브컬처를 하위문화로만 접근하는 건 틀렸다고 본다 이젠 대중문화로서 접근해야 한다고 본다. 이런 계열의 평론서나 분석한 번역서 같은 게 나오면 좋겠네."

"대중 음악만이 아니라 어느 분야든 해당 분야의 전문가가 아닌 대중들은 디테일한 역사를 다 알 수는 없지. 그래서 전문적으로 분석하고 전달하는 사람이 중요한 건데"

이 시대 서브가 규모 면에서 이미 중요하다면, 이들이 원하는 대표자는 앞으로 더욱더 중요해질 수밖에 없다. 그리고 이에 부응하듯, 주류와 서브를 이어주는 이들이 하나둘 등장하고 있다. 바로 '커뮤니케이터'라 불리는 이들이다.

서브와 주류를 잇다, 커뮤니케이터

'커뮤니케이터'의 소셜상 언급량은 2020년에 비해 3배 이상 증가했다. 그들은 누구인가? 커뮤니케이터의 연관어에서 보이는 것은 '역사', '건축', '과학', 'IT' 등 주로 지식과 관련된 담론들이다. '밀덕(밀리터리 덕후)', '역덕(역사 덕후)' 등으로 불리는 것에서 알 수 있듯이 과학, 역사, IT 등의 지식 영역은 오늘날 서브로 분류되기에 충분하다. 진입장벽이 있는 지식을 추구하는 행위가 마이너한 덕질의 영역으로 인지되는 것이다. 커뮤니케이터는 바로 이들을 대변하며 소통하는 존재로, 다양한 분야의 '지식계 서브컬처' 덕후가 본진이다.

커뮤니케이터의 대표적인 예시는 '과학 커뮤니케이터'다. 과학은 일반적으로 왠지 딱딱하고 어렵다 느껴지기에 그것을 풀어서 전달해줄 사람이 언제나 필요했다. 그러나 강의하는 '교수님'이 아닌, 소통하는 '커뮤니케이터'가 등장한 것은 최근의 일이다.

과학 커뮤니케이터로 가장 유명한 사람은 유튜브 '안될과학' 채

〈'커뮤니케이터' 연관어〉

브랜드커뮤니케이터

JPOP커뮤니케이터

화학커뮤니케이터

마케터커뮤니케이터

조류커뮤니케이터

애니멀커뮤니케이터

역사커뮤니케이터

건축커뮤니케이터

○○커뮤니케이터

스타트렉커뮤니케이터

과학커뮤니케이터

아트커뮤니케이터

도시커뮤니케이터

IT커뮤니케이터

바이오커뮤니케이터

철학커뮤니케이터

출처 | 생활변화관측소, 2021.01.01~2023.08.31

주류가된 서브

널의 '궤도', 통칭 '궤도민수'다. 천문학 전공이라 궤도라는 이름을 붙인 것에서 그의 정체성이 드러난다. (그런데 왜 그냥 '궤도'가 아닌 '궤도민수'일까?) 그는 일상의 소소한 질문에 답할 때조차 과학의 시선을 놓지 않는다.

다음은 궤도가 '과학적으로 귀신은 존재할까?'라는 질문에 답한 영상으로, 조회수 921만을 기록한 쇼츠다.

"귀신은 중력의 영향을 안 받아요. 그러면 문제가 어떻게 되냐면, 지구가 평균 29.76km/s 속도로 공전을 합니다. 심지어 1300km/h로 자전까지 합니다.

이 말은 뭐냐면 굉장히 빠른 속도로 변하는 그 위치를 귀신이 따라가지 않으면 지박령 행세를 못하는 거야. 왜냐면 중력의 영향을 못 받으니까.

지박령은 너무나 빨리 움직여야 돼요. 저거 따라가기에도 벅차. 그래서 지박령을 만나면 놀랄 게 아니라,

'어? 지박령이다!' 그러면은,

'어떻게 지평좌표계로 고정을 하셨죠?!!'"

귀신의 공포가 아닌 과학의 광기(?)를 보여주는 이 발언은 그 자체로 밈이 되어 널리 퍼졌다. 나무위키 문서로 독립 개설되기까지 한 이 밈은 결국 〈유 퀴즈 온 더 블럭〉에서도 받는 질문이 되었다. 현재 '지평좌표계'는 일종의 고유명사이자 퇴마부적처럼 사용된

다. 귀신을 무섭게 생각하던 사람들조차 지평좌표계로 무장하게 됐다고 하니, 과학이 오늘날 젊은 세대의 가치관과 감성에 스며들고 있음을 보여주는 사례라 할 만하다.

"이 쇼츠는 정말 혁명과도 같은 역사에 길이 남아야 할 쇼츠다"
"저는 겁이 많은 사람인데요. 오늘 친구들이랑 심야괴담회 보는데 무서운 장면마다 어떻게 지평좌표계를 고정하신 거죠? 읊조리니까 평소보다 덜 무서웠어요. 현존 최강의 퇴마부적 같아요"

과학 커뮤니케이터는 이처럼 일상 속 친근한 주제를 과학인의 시선에서, 밈을 통해 풀어가는 방식으로 과학과 대중 사이의 간극을 좁힌다. 이들은 단순히 과학만을 대변하는 게 아니라 '과학을 문화로서 즐기는 덕후'들을 대변한다. 그런 점에서 교수님이 아닌 커뮤니케이터를 표방한다.

어려운 과학을 문화로서 즐긴다니? 상상하기가 쉽지 않다. 게다가 과학을 좋아하는 사람은 무언가 너드(nerd)라는 인상을 주기 쉽다. 그런데 한국의 이과생 수를 생각하면 그것이 문화가 되어도 딱히 이상한 일은 아니다. 최근 10년간 수능에서 과학탐구를 응시한 학생수는 250만에 육박한다. 여기에 더해 2016년 전부터 가속화된 이과 선호 현상을 감안하면 비율이 계속 커지고 있다고 보아도 무방하다. 이렇게 큰 풀의 '조기교육'에서 탄생한 과학 덕후들이 이미 많다. 남들의 눈에는 너드처럼 보이는 다수의 덕후들, 서브컬처에 딱 맞는 조건 아닌가?

이렇게 서브컬처로 과학을 향유하던 이들은 지식을 넘어 놀이로 과학을 즐기며 그 세계를 확장시키고 있었다. 2016년에 과학 덕후들이 즐기던 페이스북 연재만화 〈야밤의 공대생 만화〉는 출간 즉시 베스트셀러가 되어 '2017 올해의 책'에 선정되기도 했다. 비슷한 시기에 공대 라이프를 풀어내며 공감을 얻은 웹툰 〈공대생 너무만화〉는 요일 웹툰 7위까지 올랐다. 이과의 밈과 정체성을 담은 '이과티콘'은 초창기 카카오톡에서 알 수 없는 이유로 승인 거부되기도 했으나, 과학 덕후들의 열화와 같은 성원에 버전7까지 출시했다.

이러한 상황에 과학 덕후들의 새로운 대표자, 과학 커뮤니케이터가 등장한 것은 전혀 어색하지 않다. 이들은 '재미있는 과학'을 밈으로서 확장시키는 데 이미 익숙하다. 더 나아가 만화, 웹툰, 게임 등 다양한 문화적 요소와 과학을 결합한다는 점에서 다른 서브컬처와도 동등하게 소통하는 존재가 된다.

각광받는 콘텐츠의 조건 : 서브+커뮤니케이터

앞에서 예시로 든 궤도의 유튜브 클립은 개인방송인 '침착맨(웹툰 작가 이말년)'의 채널에 출연하여 올라온 영상이다. 침착맨은 유튜브 인플루언서 중 2022년 소셜빅데이터 언급 증가율이 가장 높은 인물 중 하나로, 200만이 넘는 구독자를 보유하고 있으며 구독자 성장률 또한 가팔랐다. 침착맨을 통해 우리는 이 시대 각광받는 콘텐츠의 포맷을 읽을 수 있다.

오늘날 각광받는 콘텐츠는 서브 그리고 커뮤니케이터와 함께한다. 커뮤니케이터를 통해 서브와 주류를 잇는다. 이처럼 더 디테일한 분야의 커뮤니케이터와 대중을 연결하는 브릿지 역할이 콘텐츠에 요구되고 있다. 침착맨은 마이너한 지식 분야의 커뮤니케이터를 소개하는 형식의 초대석 방송으로 인기를 모았다. 이들 영상의 조회수는 100만을 가뿐히 넘는다.

궤도가 '궤도민수'로 불리게 된 것도 침착맨 채널을 통해서다. 'ㅇㅇ민수'는 침착맨 시청자들이 커뮤니케이터를 부르는 호칭이다. 특히 많은 이들이 잘 모르는 특정 분야의 엄청난 디테일을 정성껏 설명해주는 사람에게 붙이는 친근한 이름이다. 몇 시간의 라이브 방송에도 지치지 않는 덕력을 발산한 이들만이 시청자들의 선택을 받아 영예로운 'ㅇㅇ민수'의 이름을 하사받는다.

이 호칭이 유명해진 계기는 이집트를 전문으로 연구하는 고고학자 곽민수, 통칭 '애굽민수'다. '애굽'은 이집트의 기독교 성경식 표현으로 일상에서는 잘 쓰지 않는다. 단어의 의미와 용례에서부터 고풍스러움과 너드 느낌이 가득한 것이 그야말로 서브의 감성을 듬뿍 담았다. 이 단어 하나만 놓고 보더라도 이 밈을 사용하는 사람들과, 이들에게 애굽민수가 어떤 존재인지 짐작할 수 있다. 그후 '궤도민수', '건축민수(건축가 유현준 교수)', '최고민수(주식 투자자 박민수)'가 등장했다. 이 외에도 '곤충민수', '모델민수', '성우민수' 등 명단을 나열하는 것만으로도 수많은 서브의 영역들을 확인할 수 있다.

이들 '민수'들이 초대된 라이브 방송을 보다 보면 한 가지 흥미로운 점을 발견할 수 있다. 이렇게 세부적인 분야의 전문가가 출연하면 으레 청중은 그 지식을 수동적으로 소비하는 위치가 된다. 그런데 빠르게 올라가는 채팅창을 보면 해당 지식을 이미 알고 있었다는 듯이 호응하는 시청자가 상당수다. 심지어 적극적으로 설명을 덧붙이기도 하고, 다른 시청자들의 반응을 유도하기도 한다. 이는 시청자들의 덕력과 지식 수준이 이미 높다는 것을 방증한다.

즉 이들에게 '민수'들은 모르는 지식을 주입하는 권위적 지식인이 아니다. 동등한 눈높이에서 함께 대화하는 존재이자, 공통의 관심사를 더 공식적으로 설명해주는 대변인인 셈이다. 이들 시청자들이 있기에 몇 시간의 방송도 거뜬하게 진행된다. 일방적 전달이 아닌 소통이자 대담의 자리이기 때문이다. 침착맨이 그 어떤 지식계의 서브컬처를 대변하는 '민수'들을 데려오든 거기에는 그 배경지식에서 함께 자란 다수의 시청자가 포진해 있다.

따지고 보면 침착맨, 즉 이말년 자체도 한 명의 '민수'이자 커뮤니케이터다. 웹툰 작가로 출발해 게이머, 방송인 그리고 다른 커뮤니케이터를 소개하는 역할까지, 그의 행보 하나하나가 한때는 서브였던 특정 문화집단을 대변한다. 포털사이트 속 작은 코너로 출발했던 웹툰은 어느새 글로벌 시장에 진출하는 콘텐츠가 되었다. 과거 젊은 사람들의 '반동적 문화'로 여겨졌던 게임과 인터넷 방송 또한 굵직한 사회현상이 되어 전통의 미디어와 경쟁하고 있다.

커뮤니케이터들은 대중과 서브 양쪽 모두에게 환영받는 존재다. 그런데 이 두 집단의 감성의 결은 조금 차이가 있다. '민수'의 예에서 보듯이 대중은 커뮤니케이터에게 '친절함'을 느낀다. 막연히 어렵고 딱딱하게 여겼던 분야를 재미있게 설명하는 친절함이 신선하게 다가오는 것이다.

"뼛속까지 문과인간인 제가 궤도민수님 덕분에 이 나이 먹고 이제야 과학에 흥미가 생겼습니다… 학창시절에 이런 선생님을 만났으면 포기하지 않았을 텐데…"
"진짜 너무너무너무 유익하다 당장 실생활에 도움이 되는 정보는 아니겠지만 우리의 시시했던 일상에 다른 관점의 눈을 하나 더 달아준 느낌이랄까."

한편 서브의 덕후들에게는 자신의 분야를 대변해준다는 '감동'과 '감사'가 관찰된다.

"기계공학 연소분야 대학원생인데 열역학 내용이 나와서 너무 신남. 이렇게 소개되는 것 자체가 너무 좋다."
"고고학도입니다. 일상 속 이야기에서부터 쉽게 풀어나가시는 모습 보고 감탄했습니다. 제 전공에서 뭐 배우는지 말하기 어려울 때가 많았는데 이 영상 보여주면 되겠네요."
"이공계와 학계 종사자로서 궤도님 과학에 대한 애정과 열정이 진심

으로 느껴져서 가끔 감동적이기까지 함 정말 재미있게 과학 썰 풀어
주면서 대중화에 앞장서는 것도 고맙고"

이러한 감성은 유튜브 같은 뉴미디어에서만 가능할까? 천만의
말씀이다. 사람들이 〈유 퀴즈 온 더 블럭〉에서 느끼는 감성도 그리
다르지 않다. 대중적으로 생소한 직업군의 사람들을 소개한다는 점
에서 이 프로그램 또한 서브를 대변하고 커뮤니케이터를 찾아주는
역할을 하고 있다. 국내에 2명밖에 없는 대통령 임명장 작성 필경
사, 하늘길의 안전을 책임지는 공항 관제사, 조난 시 안전을 책임지
는 지리산 대피소 직원 등은 자주 접하기는 않지만 묵묵히 사회에
기여하는 직업군이다. 잘 몰랐던 대중에게 이들의 방송 출연은 일
상에서 지나쳤던 것들을 되짚어보고 깊이 이해하는 계기가 되고,
관련 종사자에게는 자신의 정체성이 대중적으로 알려진다는 뿌듯
함과 고마움으로 남는다.

"관제사라는 직업이 생소하다 보니 정확히 무슨 일을 하는지는 몰랐
는데 좋은 영상 감사합니다. 공항의 신호등 역할을 하시는 관제사분
들이 있기에 오늘도 하늘의 교통질서가 유지되는 것 같습니다."
"같은 업계에 있는 사람으로서 공감받기 어려운 솔직한 고충이 많은
데, 이렇게 소개되는 것을 보니 뭉클합니다."
"이렇게 방송에 소개해주셔서 정말 감사합니다. 이제는 더이상 설명
하지 않아도 되네요ㅜㅜㅜ"

넷플릭스 오리지널 콘텐츠 〈피지컬 : 100〉과 〈사이렌 : 불의 섬〉 역시 이 지점을 잘 포착했다. 두 콘텐츠 모두 신체 능력이 뛰어난, 말 그대로 '피지컬' 좋은 참가자들이 미션을 받고 경쟁하는 포맷이다. 그런데 피지컬이 좋다는 것은 과연 어떤 기준에 의해 정해질까? 피지컬 좋은 사람이 한둘이 아니고 강점도 다 다른데, 그중 최고의 신체 능력을 갖춘 사람은 누구라고 보아야 할까?

두 프로그램은 다양한 분야의 서브, 그리고 그를 대변하는 커뮤니케이터를 데려오는 것으로 이에 답했다. 〈피지컬 : 100〉에는 동계올림픽으로 접하곤 하는 루지를 비롯해 폴 스포츠(봉을 이용한 운동 종목), 스트리트 워크아웃(맨몸의 활용에 집중한 운동 종목) 등 대중적 인지도가 높지 않은 운동 종목의 선수들이 다양하게 모였다. 종목마다 규칙도 목적도 상이하기에 다양한 관점에서 정의된 피지컬의 신체를 포용할 수 있다. 출연 선수들은 저마다 자신의 종목을 대변하는 존재로 등장하고, 해당 종목이 요구하는 신체 수행능력을 보여준다는 점에서 커뮤니케이터가 된다. 이들은 다른 종목의 선수들, 즉 다른 커뮤니케이터들과 경쟁함으로써 자연스레 자기 종목의 강점을 드러내고, 주목을 끈다.

"비인기종목이고 한국에서는 대회 수가 적지만 해외에서는 인지도가 높은 종목이죠. 전문 트레이너로서 지구력이 정말 엄청나네요"
"아니 다들 다른 세계관의 인물들인데 같은 곳에서 보니까 신기하다ㅋㅋ 아이언맨이랑 베트맨 같이 보는 느낌"

〈사이렌 : 불의 섬〉은 스턴트, 경호원 등 신체를 사용하는 직업군의 여성들에게 초점을 맞췄다. 미션이 주어지고 직업군별로 팀을 이뤄 경쟁한다는 점에서 이들은 1차적으로는 여성이라는 성별이 아닌 프로로서 자기 분야를 대중에게 알리는 역할을 한다. 동시에 남성 비율이 높은 직업군에서 점차 증가하고 있는 여성 직업인들을 대표한다. 통상의 관점에서는 잘 드러나지 않던 '피지컬의 여성'들, 그렇지만 이미 오랜 시간 각자의 커리어를 만들어왔던 이들을 한데 모은 것만으로 〈사이렌 : 불의 섬〉은 이 시대 콘텐츠의 속성을 잘 건드렸다고 볼 수 있다.

"각자 직업의 자부심과 전문성이 드러나네요. 뭔가 각자 직업별 특기가 나와서 더 재미있었어요. 경호팀은 멤버 지키기, 군인들 전술 짜기, 소방관 불 끄기, 경찰들 1화에서 수사하듯 상대진 정보 모으기."
"소방팀 진짜 ㅎㄷㄷ했고 이 프로 땜에 더더욱 소방 관련 근무자들 더 존경하게 되네요"

앞으로 어떤 콘텐츠든 서브와 커뮤니케이터를 발굴해 대중에게 소개하는 큐레이터 역할은 더욱 중요해질 것이다. 커뮤니케이터와 함께 주류와 소통하고자 하는 서브의 니즈는 이미 크다. 이러한 미디어 비즈니스 환경에서는 서브컬처를 얼마나 깊이 이해하는지, 커뮤니케이터를 통해 서브와 어떻게 소통하는지가 더욱 중요해질 것이다. 그것이 주류와 서브 양쪽의 인지도와 호감을 동시에 높이

이 시대에 각광받는 콘텐츠는
커뮤니케이터를 통해 주류와 서브를 잇는다.

는 중요한 키가 될 것이기 때문이다. 대중과는 신선함과 친절함이라는, 서브와는 감사함과 뭉클함이라는 특별한 감성과 연결되는 것이다.

여기서 중요하게 기억할 것은 두 가지다. 첫째는, 서브를 수치 즉 '양'으로 바라봐야 한다는 것이다. 양이 아닌 대중적 인지도 혹은 '주류의 시선'으로 바라본다면 타자화의 시선을 피할 수 없다.

서브 초창기에는 대중의 인식 속 주류가 되는 데 어려움을 겪는다. 그 역사가 짧아 세대 간에 인식 차이가 있거나, 때로는 낯설다는 이유만으로 편견이나 거부의 대상이 되기도 한다. 그러나 그 수가 충분히 많아지면 곧 새로운 주류가 된다. 그러므로 앞으로 다가올 흐름을 읽으려면 기존의 인지도를 잣대로 서브를 바라봐서는 안 된다. 마찬가지로 옳고 그름, 좋고 나쁨을 기준으로 한 가치판단도 위험하다. 자칫하면 평가적 시선이 '왜 저런 것에 열광하나' 하는 편견으로 이어질 수 있기 때문이다.

둘째는, 현재의 주류도 과거에는 서브였다는 사실이다. 태어날 때부터 주류였던 것은 없다. 그 샤넬도 서브로 출발했다. '코르셋'으로 상징되는 당시의 주류 패션 트렌드에서 벗어나 '여성의 바지'로 대표되는 실용적 복식을 도입한 것이야말로 주류의 편견에 도전한 결정이 아니면 무엇이겠는가. 샤넬은 일하는 여성의 니즈를 대변한 당대의 커뮤니케이터였다. 주류의 시선이야 어떻든 이미 많은 이들이 편리하게 사용하고 있으니, 발굴되어 주류가 되는 것은 시간문제였다. 오늘날 럭셔리 브랜드 샤넬의 레거시는 당시 주류가 내포했던 편견, 그 그늘 속에서도 묵묵히 삶을 일궜던 다수를 대변한 커뮤니케이터적 특성에서 기인한다.

　여기에 한 가지 덧붙인다면, 군이 주류가 되지 않아도 서브는 그 자체로 이미 존중받고 있다는 것이다. 비즈니스 기회를 찾기 위해 서브를 바라보는 것 역시 필요한 자세고 실제로 서브에는 그 기회가 있으며, 서브 입장에서도 주류와 연결되는 것을 뿌듯해하고 자랑스러워할 것이다. 그렇지만 '오타쿠'의 연관어 1위를 기억하는가? 주류로 인정받지 않아도, 그들은 이미 우리의 당당한 '친구'다.

1. 오늘날 서브는 양적으로 이미 크며, 대중적 인지도가 아닌 규모의 관점에서 바라봐야 한다.

이 시대 서브는 다수의 참여자를 포함하고 있거나, 그 수가 가파르게 증가하고 있다. 단지 대중적 인지가 부족할 뿐이다. 그러나 규모가 충분히 큰 모든 서브는 미래의 주류가 된다. 기존의 인지도 관점을 고수하는 것은 편견으로 이어질뿐더러 미래의 주류를 포착하는 데 방해가 된다. 대중적 인지도가 아닌 규모의 관점에서 바라보자. 수적으로 이미 큰 현상은, 그것이 아무리 낯설더라도 주목할 필요가 있다.

2. 신기술, 2차 창작자 생태계, 플랫폼에 눈을 두자. 주류가 되어가는 서브가 보인다.

서브 문화를 즐기는 이들은 평등한 창작자이자 얼리어답터 성향을 띤다. 이들은 온라인 플랫폼에 모여 콘텐츠를 직접 생산하고 확산시킨다. 핵심은 이것이 이들의 '놀이'라는 것이다. VR 공간에 모이기 위해 맵을 직접 제작하고, 각자 만든 플레이리스트를 공유하고, 개인방송 클립을 딴 채널을 운영하는 것. 이 모든 것은 이 시대의 노는 방식이자 점차 주류로 자라날 맹아(萌芽)다.

3. 서브와 주류를 잇는 존재, 커뮤니케이터의 속성을 기억하자.

세분화된 영역에 이미 수많은 서브컬처가 존재한다. 이들이 바라는 것은 자신들을 대표하는 커뮤니케이터다. 커뮤니케이터는 권위 있는 교수님 같은 존재가 아니라 동등한 입장에서 밈으로 소통하는 '옆집 민수' 같은 존재다. 이 관점을 브랜드에 적용해보자. 브랜드가 고객들의 취향을 대변한다면, 브랜드의 팬덤도 서브의 팬덤과 유사한 니즈를 갖지 않을까? 우리 브랜드는 팬들에게 동등한 위치에서 같은 언어로 소통하는 커뮤니케이터로 받아들여지고 있는가?

4. 이 시대 중요해지는 콘텐츠의 역할 :
서브와 커뮤니케이터를 발굴하고, 주류와 연결하는 것

현재 각광받는 콘텐츠들은 서브와 주류를 잇는 브릿지 역할을 수행한다. 이런 콘텐츠에 대중은 낯선 존재를 소개받는 '친절한 신선함'을, 서브 영역은 자기 정체성이 인정받는 '감사한 뿌듯함'을 느낀다. 신선함과 트렌디함을 추구하는 비즈니스도, 핵심 팬덤을 중심으로 하는 비즈니스도 이 속성을 기억할 필요가 있다. 서브의 커뮤니케이터를 불러옴으로써 대중의 신선함과 팬덤의 애정이라는 상반된 두 감성을 동시에 겨냥할 수 있다.

Chapter 5

세대 경계가 없는 콘텐츠

김정구

슬램덩크와 뉴진스, 모두에게 공감받는 전략

2023년 1월 개봉한 신(新) 극장판 〈더 퍼스트 슬램덩크〉의 스토리가 절정으로 치닫던 순간, 주인공 강백호의 입 모양만으로 무음(無音) 처리된 씬에서 많은 관객들은 '왼손은 거들 뿐'이라고 읊조렸다.

비단 '왼손은 거들 뿐'만이 아니라 '포기하면 그 순간이 바로 시합 종료예요', '포기를 모르는 남자' 등 수많은 명대사와 밈으로 추억되고 회자되던 〈슬램덩크〉가 1996년 연재 종료되고 20여 년이 훌쩍 지난 후, 원작자인 이노우에 타케히코가 각본과 감독을 맡은 애니메이션으로 다시 태어났다. 전설의 화려한 귀환은 450만이 넘는 관객을 동원하며 실로 뜨거운 반향을 일으켰다.

오랫동안 작품을 추억하고 기다렸던 팬들의 힘이었을까? 그렇다면 이는 기존 원작인 만화판의 열혈 팬이었던 30~40대, 그중에서도 이제는 아저씨가 된 관객들이 주도했어야 했다. 하지만 '왼손은 거들 뿐'이란 무의식적 읊조림은 아마도 만화 슬램덩크가 전성

기일 때는 태어나지도 않았거나 갓난아기였을 20대에서도 나온 반응이다. 물론 개봉 초기에는 30~40대 남성 관객이 과반수를 차지했지만, 관객들의 입소문과 이제는 영화 관람의 절대적 지표가 된 'CGV골든에그지수'[1]의 영향으로 20대 및 여성 관객 비중이 높아졌음은 다수의 기사와 데이터로도 알 수 있다.

"왼손은 거들 뿐 이 말을 하며 슛을 날리기 위해 당당히 서 있는 백호를 나뿐 아니라 극장 안의 모든 관객들이 숨죽이고 지켜봤다. 이미 알고 있는 내용이건만 경기 종료를 알리는 휘슬이 불리는 것과 동시에 골대로 빨려 들어갔던 백호의 역전 볼에 격하게 환호했다."

"태어나서 슬램덩크 처음 본 사람 있을까요… 그게 바로 접니다… 짤로만 보던 그 한 장면을 영상으로 아주 고퀄리티로 제작된 만화영화를 정말 재밌게 봤습니다. 맨 뒷자리에는 사람이 없어서 정말 리듬에 몸을 맡기며 들썩거리면서 봤네요"

원작이 〈소년 챔프〉에 연재되던 1990~96년 동안 친구들과 학교에서 만화책을 돌려가면서 보고, 부모님을 졸라 어렵게 구입한 나이키 에어조던 농구화를 신고 강백호의 리바운드, 서태웅의 드리블과 정대만의 3점슛을 외치며 농구코트를 누볐던 X세대 아저씨들과 30대 밀레니얼들은 그 시절의 추억을 되새기며 극장을 두어 차례

---

1) 영화를 관람한 사람만이 평가할 수 있는 CGV 골든에그지수에 대한 관심은 지속적으로 증가하고 있다. 소수의 전문가 주도하던 권위적 방식에서 벗어나 다수의 안목과 공정함의 기준을 획득해 극장에서 영화를 선택하는 확실한 기준이 되었다.

〈'슬램덩크' 연관어 순위〉

	연관어
1	영화
2	만화
3	강백호
4	서태웅
5	송태섭
6	정대만
7	만화책
8	웨이팅
9	북산
10	추억
11	더빙
12	유튜브
13	원작
14	자막
15	스토리
16	채치수
17	일본 여행
18	굿즈
19	연출
20	피규어
21	더현대 서울
22	인생네컷
23	서사
24	이명헌
25	산왕
26	청춘
27	팝업스토어
28	정주행
29	유니폼
30	조던

출처 | 생활변화관측소, 블로그+커뮤니티
+인스타그램, 2023.01.01~2023.08.31

(더빙판 1회, 자막판 1회) 방문하는 것으로 응답했다.

"시간은 흘러 흘러 40대 중반이 되어 주식이네 부동산이네 이젠 꿈보다는 현실적인 문제에만 더 관심을 갖게 된 그냥 평범한 아저씨가 되어 버렸네? ㅎ 어쩌면 그래서 더 이 '더 퍼스트 슬램덩크'가 나 같은 중년의 아저씨들에게 그 시절 꿈 많고 열정으로 반짝였던 청춘을 회상하게 만들면서 이렇게 열광하는 게 아닐까"

한편 20대들도 팝업스토어의 성지, 더현대 서울에서 슬램덩크 굿즈를 구입하기 위해 밤샘 줄서기를 마다하지 않았고, 재출간된 만화책의 완전판 전집을 구입해 정독하고 책장에 전시했다. 심지어 '정대만 사케'라고 알려진 '미이노고토부키 준마이긴조'라는 술은 입소문을 타 품절대란을 빚기도 했다.

"슬램덩크 팝업 대기줄 현황… 7시50분쯤 도착했는데 앞에 1000 명 정도 대기중이고 큐알 등록하는 데만 2~3시간 걸릴 수도 있다고 함… 오늘 입장 여부는 장담 못하고 이 점 양해 부탁드린다고 하시네 요… 한 명 한 명 단념시키고 계세요… 고객님의 소중한 12시간을 날 릴 수도 있다고 하시면서…"

잘 만들어진 콘텐츠의 생명력은 우리가 생각하는 수준을 훨씬 뛰어넘는다. 극장 N차 관람은 한정판 유니폼, 피규어 등의 굿즈 소 비와 스마트폰이나 태블릿 화면이 아닌 종이 만화책의 소비로 확 장되었다. 그뿐인가. 영화관이나 집 또는 팝업스토어를 벗어나 작 중 배경으로 등장한 실제 장소를 찾아가는 공간의 확장으로도 이 어졌다.

"[가마쿠라/도쿄] 슬램덩크에 진심인 덕후의 덕질 여행기… 드디어 고대하던 가마쿠라고교 앞에 도착했습니다…! 워낙 유명한 스폿이라 사람이 너무 붐비지 않을 때 가고 싶어 좀 일찍 왔는데 제가 갔을 때 여행객으로 보이는 분 딱 두 분 계셨습니다. 드디어 도착한 그곳… (덕 후분들은 여기서 우시면 됩니다) 실제로 보니까 백배 멋있더군요… 슬 램덩크 ost 들으면서 강백호에 혼자 이입해보고…"

"슬램덩크 극장판 8번 본 여자… 저욥~! 이제 자막 안 봐도 대사 한 박자 미리 칠 수 있구요. 굿즈도 일본에서 날라오구요.ㅎ 간만에 잠들어 있던 덕후 기질이 발현되어 현질도 좀 했습니다.ㅎㅎ 이렇게라도 뭔가를 파고들어야, 7월 초 일본 여행을 담담하게 기다릴 수 있을 거 같아서요"

〈슬램덩크〉를 잘 알지는 못했는데 CGV골든에그지수가 높고 친구가 보자고 해서 극장을 갔을 뿐이고, 요새 유행하는 팝업스토어 중에서도 가장 핫하다는 슬램덩크 팝업스토어가 마침 더현대 서울에서 열린다기에 간 것이고, 모으는 것을 좋아해서 문고판보다는 완전판 만화책 전집을 샀을 뿐이라고 말하는 덤덤한 감상은 별로 없다. 20대에서 40대를 아우르는 〈슬램덩크〉의 공통분모는 스토리와 콘텐츠에 대한 '진심 어린 감동'이다.

〈슬램덩크〉가 그 시절 청춘의 '추억팔이'만 노리고 큰 변화 없이 리메이크되었다면 일부 X세대만의 축제로 끝났어야 한다. 원작자이자 감독은 현명하게 강백호에서 송태섭으로 주연 캐릭터에 변화를 주고 숨겨진 이야기를 보여줬으며, 최신 애니메이션 제작 기술을 동원해 기존 일본 애니메이션의 아날로그 느낌과는 사뭇 다른 역동성을 구현했다. 원작의 결말과 스토리를 크게 해치지 않는 선에서 〈슬램덩크〉와 10대 청소년기를 함께했던 팬들에게는 신선함을 더한 각본으로, 20대에게는 수려한 그래픽과 캐릭터들의 매력 그리고 스토리로 감동을 주었다. 촘촘하게, 입체적으로 구성된 이야기가 지닌 힘이다.

피크선과 추세선을 잡는 법, 변주와 확장

관객 469만 명이라는 성적도 애니메이션 작품으로는 이례적이지만, 소셜미디어에 나타난 〈슬램덩크〉에 대한 관심 역시 놀라운 흐름을 보여준다. 대개의 브랜드나 상품이 그렇듯 영화도 개봉 첫 주나 그다음 주에 관심도가 정점을 찍은 후 하락하기 시작하는데, 〈슬램덩크〉는 개봉 3주 차에 다시 한 번 피크를 찍었다. 더현대 서울에서 진행된 팝업스토어의 영향이었다. 영화를 본 사람들이 추가적으로 콘텐츠를 즐기고 소비하기 위해 팝업스토어로 발길을 돌린 것이다.

소셜미디어 분석을 통해 트렌드나 현상을 바라볼 때 언급량의 크기 못지않게 중요한 포인트가 있다. 해당 키워드가 얼마나 오래 이야기되고 어떻게 변화되는지를 나타내는 추세선이 그것이다. '팝업스토어'처럼 몇 년째 지속적으로 증가세를 보이는 우상향 선형도 있고, '슬램덩크'와 같이 몇 번의 피크점을 보이는 경우도 있다. 브랜드나 기업들은 어떤 선형을 더 선호할까? 생활변화관측소에서는 전자와 후자의 특성이 적절히 조합된 선형을 가장 이상적이라고 판단한다.

몇 번이나 《트렌드 노트》 시리즈에 언급된 바 있는 무신사가 대표적인 사례다. 무신사를 그저 잘나가는 거대 쇼핑 플랫폼으로 치부하기에는 할 말이 너무 많다. 유행템을 넘어선 기본템, 기본템을 넘어선 '무탠다드(무신사스탠다드)'가 생활변화관측소의 데이터에 포착되었다. 20대 남성들에게 패션을 가르친 브랜드라는 평판을 얻더니 최근에는 젠더리스 항목 상위권에 오르기도 했다. 하지만 무신사가 가장 무서운 점은 11월 블랙프라이데이 시즌마다 소셜미디어 언급량의 정점을 찍고 있으며, 그 피크가 매년 더 높아지는 우상향 추세선을 보여준다는 데 있다. 블랙프라이데이라는 리추얼에 가장 먼저 그리고 가장 많이 떠오르는 브랜드가 된 것이다.

브랜드나 서비스는 특정 시기가 되면 사람들에게 자발적으로 회자되는 피크점을 가지고 있어야 하고(리추얼), 이를 위해서는 끊임없이 브랜드(서비스)의 자체 진화가 뒷받침되어야 한다. 사람들에게 잊히지 않기 위해서는 지속적인 변화와 변주가 필요하다는 뜻이다. 그런 의미에서 상영기간이 짧았음에도 애니메이션으로, 팝업스토어 굿즈로, 원작 만화로 줄기차게 변주를 이어가며 두 번의 피크점을 보인 〈슬램덩크〉라는 콘텐츠의 힘은 실로 대단하다고 할 수밖에 없다.

K-pop 씬에서도 이와 유사한 피크점과 추세선을 만드는 이들이 있다. 국민 아이돌을 넘어 글로벌 아이돌을 향해 가고 있는 뉴진스가 그 주인공이다. 도표에서 보듯 뉴진스는 데뷔 EP 〈New Jeans〉 발매 시점인 2022년 8월, 싱글 1집의 선공개 싱글 〈Ditto〉을 공개한 2022년 12월 직후, 그리고 EP 2집 〈Get up〉을 발매한 2023년 7월 등 세 차례에 걸쳐 소셜미디어 언급량이 피크를 찍었다. 이 추세가

〈'뉴진스' 언급 추이〉

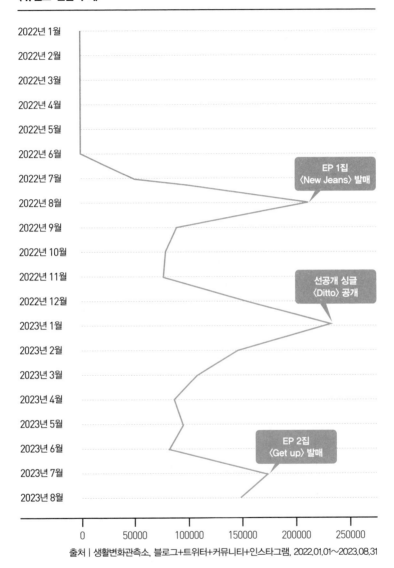

	EP 1집 〈New Jeans〉 발매
	선공개 싱글 〈Ditto〉 공개
	EP 2집 〈Get up〉 발매

출처 | 생활변화관측소, 블로그+트위터+커뮤니티+인스타그램, 2022.01.01~2023.08.31

세대 경계가 없는 콘텐츠

반복된다면 머잖아 여름과 겨울이 올 때마다 조건반사처럼 뉴진스의 신곡을 기다리게 될지도 모를 일이다. 오래전 여름 그룹의 대명사로 불리던 '쿨'처럼 말이다.

반복과 학습을 통해 특정 시기의 리추얼로 사람들에게 각인되는 것은 음악뿐 아니라 모든 산업에서 중요한 마케팅/세일즈 포인트이자 브랜드 가치를 높이는 요인이 된다. 앞서 언급한 무신사 외에도 매년 혹은 특정 시점이 되면 자동적으로 머릿속에 떠오르는 브랜드들이 있다. 일요일이면 생각나는 짜파게티, 시험 끝난 학생들이 찾는 불닭볶음면 등이 그렇다. 뉴진스도 사람들의 새로운 리추얼 목록에 오를 수 있을까?

유행이 아닌 세대공감의 레트로

음악성을 떠나 뉴진스 하면 떠오르는 대표적 이미지는 Y2K 기반의 레트로 혹은 뉴트로 컨셉이다. 그들은 1990년대 중후반에서 2000년대 초반의 이미지를 선택하고 재조합해 2020년대의 세련된 버전으로 들고 왔다. 음악시장의 판도가 온라인 스트리밍으로 바뀐 지 오래여도 소장용으로 팬심을 자극하는 실물 앨범을 제작하고, '브라운관 TV'라 불리던 CRT TV 화면의 아날로그 느낌을 구현한 굿즈에는 스마트폰이 아닌 피처폰의 도트(dot) 모티프를 살렸다. 여기에 그 시절 유행하던 통 넓은 팬츠와 크롭탑 패션도 선보인다.

뉴진스의 팬덤을 구성하는 10대들은 Y2K라 불리는 그 시절을 유튜브 영상이나 짤 혹은 밈으로 알 뿐이다. 그들이 태어나지도 않았

뉴진스 관련 굿즈 (출처 | 어도어(ADOR) https://ador.world)

을 때니까. 대신 그들의 부모 세대 또는 30~40대가 그때를 또렷이 기억한다. 학창시절의 아련한 향수나 추억을 떠오르게 해서인지 몰라도 (팬덤까지는 아니더라도) 뉴진스를 좋아하는 기성세대를 주변에서 어렵지 않게 만날 수 있다.

30~40대들은 그들 세대의 첫 아이돌 걸그룹이었던 SES나 핑클의 이미지와 감성이 느껴져서, 멜로디가 너무 복잡하거나 난해하지 않아서 뉴진스가 좋다고 말한다. 사실 그룹명에서부터 진(Jean)이라는 기획사의 노림수가 들어 있기도 하다. 청바지란 디자인이나 핏, 유행 브랜드가 조금씩 달라질 뿐 시대를 불문하고 남녀노소 모두에게 사랑받는 아이템 아닌가.

"1세대 여자 아이돌 SES나 핑클의 그런 DNA가 좀 있다고 느낍니다…
아이돌의 원류의… 계승자라고 말하면 좀 웃긴데 1세대가 느끼고 감
동한 물려받은 계승자라는 느낌을 좀 받죠"[2]
"요즘 그 아이돌들은 내가 지나가다가 뮤직뱅크나 이런 걸 우연히 볼
수 있잖아? 도대체가 뭐라는지 모르겠고 다들 노래가 세… 전쟁터 나
가기 전에 기세 올리는 느낌이야. 근데 이 노래는 좀 상큼하고 이 나
이대에 맞는 노래 같아요 상큼한데 단순히 상큼한 게 아니라 약간 고
급지다고 해야 되나? SES 느낌도 나요"[3]
"아이 같기도 하고 얘들은 발랄하고 이쁜 척 안 해서 좋아요"

뉴진스의 데뷔 방식은 기획 단계부터 특정 타깃을 설정해 데뷔한
아이돌, 특정 세대가 아니면 이해하기 어려운(복잡한) 세계관을 구
축한 아이돌과는 접근법이 달랐다. 멤버들 모두 예뻐 보이려 애쓰
지 않고, 세대로 구분되지 않는 공통적인 청춘의 감성을 들고 온 그
들의 전략은 현재까지는 매우 성공적으로 평가된다. 마케팅의 기본
스킬로 배우게 되는 타기팅(targeting) 대신 모두에게 공감받는 전
략이 오히려 성공적으로 작동한 것으로 보인다.

---

2) 유튜브 채널 '오마르의 삶', "왜 아저씨들도 뉴진스를 좋아할까" https://www.youtube.com/@
omarinrainbow
3) 유튜브 채널 '김단군', "아저씨도 빠져버린 아이돌 〈뉴진스〉 앨범 언박싱" https://www.youtube.
com/@1983dk/videos

대를 이어 사랑받는 원동력, 서사

세대에 관계없이 사람들이 〈슬램덩크〉와 뉴진스에 환호하는 이유는 무엇일까? 둘의 공통점은 무엇일까? 가장 먼저 떠오르는 키워드는 앞서 소개한 것처럼 추억을 품은 '레트로'다. 그렇지만 이들이 단순히 레트로 혹은 추억 트렌드에 올라탄 덕에 성공한 것은 아니다. 만약 그렇다면 레트로 컨셉을 표방한 브랜드나 제품, 서비스 대다수가 성공적이었어야 한다. 하지만 그렇지는 않다.

〈슬램덩크〉와 뉴진스는 레트로 감성만이 아니라 다수 대중을 아우를 수 있는 서사(스토리텔링 혹은 세계관)와 꾸준히 성장하는 캐릭터성으로 차별화했다. 농구 풋내기 강백호가 우여곡절 끝에 진정한 바스켓맨으로 성장하는 이야기, 원작에서는 조연이었지만 극장판에서 주인공으로 등장한 송태섭의 알려지지 않았던 친형과의 스토리, 데뷔 초에 보인 신인의 미숙함은 있을지언정 끊임없이 노력해 조금씩 성장하고 발전하며 자신의 캐릭터를 구축해가는 뉴진스 멤버들이 있기에 1차적인 콘텐츠 소비에 그치지 않고 2차 소비로까지 확장될 수 있었다.

서사(스토리텔링) 혹은 세계관에 대한 사람들의 관심은 2020년 7월부터 급증하기 시작해 지금도 꾸준하게 유지되고 있다. 서사와 세계관에 대한 관심이 커진 것은 수도권 전철 1호선에서 벌어진 두 노인의 난투극이 시발점이었다. 두 당사자의 인상착의가 일본 만화 〈나루토〉의 주인공들을 연상시켰기에 사람들은 '1호선 나루토 사

세대 경계가 없는 콘텐츠

〈'서사'+'스토리텔링'+'세계관' 언급 추이〉

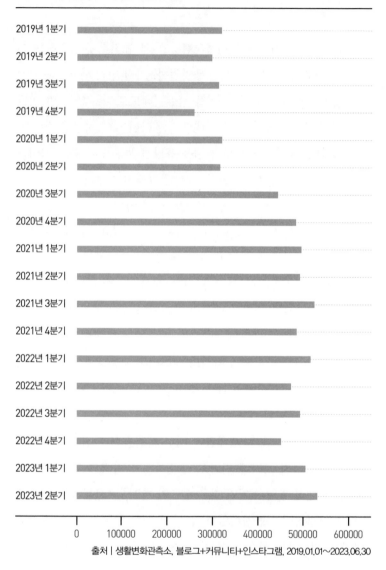

출처 | 생활변화관측소, 블로그+커뮤니티+인스타그램, 2019.01.01~2023.06.30

스케'라는 밈을 만들었고, 〈나루토〉의 서사와 세계관에 대한 관심이 커지면서 다른 세계관에 대한 관심으로까지 확장된 것이다.

'1호선 나루토 사스케' 사건(?)이 기폭제가 되기는 했지만, 서사 또는 세계관의 상승은 그것이 몰입했던 경험이 누적되어 나타났다고 봐야 할 것이다. 대상이 무엇이건 간에 팬으로서, 좋아하는 사람으로서 서사에 몰입했던 경험은 누구에게나 있을 테니 말이다. 대표적인 예로 세계관이라는 단어가 널리 퍼지는 데 가장 큰 역할을 했던 '마블 시네마틱 유니버스'나 국민 게임으로 불렸던 스타크래프트의 세계관과 스토리에 몰입했던 경험이 있다. 혹은 매주 토요일 저녁이면 TV 앞에 모이게 만들었던 레전드 프로그램 〈무한도전〉에 몰입했던 경험도 있다. 프로그램이 종료된 지 5년이 넘었음에도 〈무한도전〉은 '무도 유니버스'라 불리며 지금까지도 지속적으로 회자된다.

서사와 세계관에 익숙한 사람들은 새로운 콘텐츠를 경험할 때도 공통의 경험을 떠올린다. 본인이 인지하지 못했을지라도 자신이 사랑한 콘텐츠의 세계관에 빗대어 세상이나 콘텐츠를 해석하는 데 익숙해진 것이다.

"없는 게 없는 무한도전 우영우 모먼트… 오디오 디비디 기러기 스위스 토마토… 미국에 심슨이 있다면 한국은 무한도전! 사실 짜깁기도 정도가 있지 이렇게 다 맞는 거 보면 그냥 예언이 아니라 진짜 영향을 받은 듯 ㅋㅋㅋㅋㅋㅋㅋㅋㅋ 우리는 무도 세상에서 살고 있다…"

2022년 현대자동차가 공개한 'N Vision 74'라는 컨셉카가 있다 (숫자는 '세븐티포'가 아닌 '칠사'로 읽는다). 처음 공개되었을 때 많은 이들이 미래지향적인 사이버펑크 느낌이라며 폭발적 반응을 보였다. 비단 한국뿐 아니라 전 세계에서 유사한 반응이 나타났다.

"개인적으로 너무 극호입니다. 특히나 테일램프 옆에 저 90년대 현대 폰트에 사이버펑크 느낌도 나고 미치겠네요."
"That 74 is literally one of the most beautiful cars I've EVER seen(74 는 말 그대로 지금까지 내가 본 가장 아름다운 차 중 하나다)."

그러나 이 컨셉카는 멋진 디자인으로만 주목받은 게 아니다. 이 디자인은 여러 사정으로 결국 출시되지 못했지만 1974년에 이미 완성돼 이탈리아 토리노 모터쇼에 출품되기도 했던 '포니 쿠페'라는 컨셉카를 재해석한 것이다. 널리 알려졌듯이 자동차 생산 불모지에서 오늘날의 현대자동차를 만든 시작이자 근본이 바로 '포니' 자동차다. 즉 N Vision 74에는 OEM이 아닌 순수 자국 기술로 자동차를 개발하기 위해 분투한 눈물겨운 스토리가 담겨 있다. 게다가 포니 쿠페를 디자인한 이는 전설적인 자동차 디자이너 조르제토 주지아로다. 그는 영화 〈백 투 더 퓨처〉의 타임머신 자동차(드로리안 DMC-12)도 디자인했는데, 그때 참조한 모델이 바로 포니 쿠페였다. N Vision 74는 근간이 된 포니 쿠페의 서사에 공감하고, 레트로지만 미래지향적으로 재해석된 디자인에 환호하는 여론 덕분에 컨셉카임에도 양산이 결정되었다고 한다.

이렇게 포니에서 시작해 N Vision 74로 완성되는 듯했던 이야기는 포니 쿠페 복원 프로젝트로 절정에 달한다. 현대자동차가 보관하던 포니 쿠페 설계도는 이미 분실되었지만, 조르제토 주지아로의 사무실 한켠에 고이 잠들어 있던 설계도가 확인된 후 1970년대의 제조방식 그대로 복원해 공개된 것. 세상에 단 한 대뿐인 포니쿠페 서사는 몇 번을 들어도 감동적이다.

국경과 세대를 넘어 사랑받는 나이키를 생각해보자. 수십 년에 걸쳐 꾸준히 히트작을 선보였지만 나이키를 상징하는 대표 모델은 여전히 에어조던1이다. (비록 가게 사장님에게 강탈하다시피 했지만) 〈슬램덩크〉에서 주인공 강백호가 산왕고와의 경기에서 착용한 모델이기도 하다. 출시된 지 38년이 넘었음에도 여전히 유려한 디자인, 농구를 넘어 스포츠 세계의 고트(GOAT, Greatest of all time)가 된 마이클 조던이 처음 신었던 시그너처 모델이라는 상징성 덕분에 에어조던1의 인기는 여전히 현재진행형이다. 아디다스 농구화를 즐겨 신던 마이클 조던을 설득하기 위해 전담 디자인 팀을 만들었다는 나이키의 이야기도 이 신발을 전설로 만드는 데 한몫했다. 레트로가 아무리 유행이더라도 감동하고 호응할 수 있는 스토리와 마이클 조던이라는 불세출의 캐릭터가 없었다면 오늘날 에어조던1이 가지는 상징성은 조금 퇴색되었지 모른다.

뉴진스 역시 Y2K 컨셉만 들고 나온 게 아니다. 그들이 표방한 컨셉만을 좋아했다면 〈Hype Boy〉나 〈Ditto〉를 흥얼거리는 30~40대 팬은 존재하지 않았을 것이다. 10대만을 타깃으로 하지 않고 모두가 공감할 수 있는 음악과 확장성을 가진 콘텐츠를 선보였기에 우연한 기회에 처음 접한 사람들도 매력을 느끼고, 조금 더 찾아보고, 촘촘하게 짜인 서사에 공감하며 팬이 되는 것이다.

2차 창작으로 확장되는 세계관

나이키나 〈슬램덩크〉, 뉴진스가 소수집단에 국한되지 않는 거대한 팬덤을 가진 것은 다수가 공감할 수 있는 콘텐츠, 나아가 확장성 있는 콘텐츠가 있기에 가능하다. 서사나 세계관이 너무 촘촘하거나 복잡하지 않기에 다수 대중이 쉽게 접근할 수 있고, 공감할 수 있다. 너무 자극적이지 않아 어느 세대든 두루 친근함을 느낄 수 있다. 만화와 음악이라는 코어 콘텐츠에 머물지 않고 애니메이션, 팝업스토어 굿즈, 다시 만화 단행본, 패션, 포토카드, 타 브랜드와의 콜라보레이션 등으로 콘텐츠를 확장하며 팬덤이 더욱 단단해진다.

팬덤의 단계에 다다르면 팬 스스로 콘텐츠 확장에 동참한다. 단순히 콘텐츠를 소비하는 것을 넘어 콘텐츠에 적극적으로 참여하고 2차 창작으로 세계관을 넓혀가는 것이다. 마블의 팬덤이 원작에 없는 팬메이드 캐릭터를 만드는가 하면, 웹소설 〈데뷔 못하면 죽는 병걸림〉에 등장하는 아이돌 그룹 '테스타'를 좋아하는 독자들은 음원을 만들어 유튜브나 사운드 클라우드에 올리곤 한다. 팬들이 만든 2차 창작 캐릭터는 사람들이 '이야기 속 가상의 존재'에 진심으로 몰입하고 있음을 보여준다.

이런 현상이 2000년대 이후에 갑자기 등장한 것은 물론 아니다. '덕질'의 역사는 생각 이상으로 길고도 깊다. 1977년 시작된 〈스타워즈〉의 팬덤은 영화에서 미처 다루지 못했거나 프랜차이즈의 서사를 풍부하게 만들어줄 캐릭터와 스토리를 창작해 '스타워즈 캐넌'[4]이라는 타이틀을 달아 소설과 게임으로 재탄생시키고 있다. 이렇게 등장한 캐릭터와 스토리가 〈스타워즈〉 세계관의 핵심인 실사 영화나 드라마에 반영되기도 한다.

세대를 넘어 아카이브가 되는 브랜드

길거리를 지나다 1990년대 젊은이들에게 프리미엄 청바지로 엄청나게 유행했던 M브랜드의 로고가 각인된 크롭 티셔츠를 입고 가는 20대를 본 적이 있다. 꽤 오랫동안 볼 수 없었던 브랜드라 처음에는 '빈티지를 구입해 입었나?' 싶었는데, 검색을 해보니 한국에서 재론칭한 것이었다. 그 이후 이 브랜드의 옷을 입고 다니는 이들을 자주 보곤 한다. 미디어 기사를 찾아보니 '잊혀졌던 M브랜드, 화려한 부활'이라는 제목들이 눈에 띈다. 시의적절하게 Y2K 트렌드

---

4) 〈스타워즈〉제작사인 루카스필름이 공식적으로 승인한 확장 세계관(EU) 영화, 소설, 애니메이션, 만화, 게임 등을 가리킨다. 디즈니사가 루카스필름을 인수하면서 2014년 이전의 확장 세계관 작품 대다수는 비공식화되었고, 이렇게 폐기된 작품들은 '스타워즈 레전드'라는 별도의 명칭으로 불린다.

에 탑승한 CEO의 안목에 박수를 치게 되지만, 조금 씁쓸한 기분이 가시지는 않는다. 예전에 필자가 알던, 전위적인 디자인으로 사랑받던 M브랜드가 더이상 아니기 때문인 것 같다. 패션에 대해 잘 알지는 못하지만 M브랜드를 좋아했던 사람이 보기엔 브랜드 로고만 가져와 지금 유행하는 디자인에 접목한 것으로밖에 보이지 않았다. 무엇보다 지금의 M브랜드에는 과거에 그들이 쌓은 역사나 디자인 아카이브에 대한 존중이 보이지 않았다.

이와는 반대의 결을 보여주는 브랜드도 있다. 1967년생인 폴로 랄프로렌과 1973년생인 파타고니아는 특정 세대 중심으로 소비되는 브랜드가 아니다. 캐주얼의류라는 카테고리에서 이들은 브랜드 철학의 큰 변화 없이 그 자리에서 묵묵히 소비자들을 기다린다. 고유의 디자인 철학을 지키고 유행에 편승하지 않되 두루 공감할 수 있는 보편적인 디자인(universal design)을 추구하기에 10년 전 옷을 다시 입어도 전혀 촌스럽지 않다.

'아메리칸 캐주얼'로 불리는 폴로 랄프로렌은 1960년대의 풍요로웠던 미국 아이비리그 대학생들의 라이프스타일 아카이브를 기반으로 제품 퀄리티보다는 당시 라이프스타일을 현대적으로 제시하는 데 중점을 둔다. 이들이 수십 년간 밀도 있게 쌓아온 아카이브는 세대가 순환하는 과정에서 꾸준히 재발견되고 소비된다. 1990년대에 한국의 젊은 X세대로부터 폭발적인 사랑을 받았던 폴로 랄프로렌은 지금도 여유로운 핏과 깔끔한 룩으로 20~30대의 선택을 받고 있다. 예전부터 팬이었던 40대도 물론 꾸준히 폴로 제품을 구매한다. 폴로의 제품으로 채워진 그들의 옷장은 개인의 역사이자 아카이브인 셈이다.

폴로 랄프로렌이 주류세대가 변화하고 순환하는 중에도 꾸준히 사랑받았다면, 파타고니아가 한국에 자리잡은 과정은 조금 다르다. 파타고니아는 론칭 때부터 지금까지 지구, 환경을 이야기하며 진정성을 입증해온 브랜드다. 처음에는 브랜드 로고가 크게 프린트된 티셔츠가 예뻐서 구입했는데, 알고 보니 환경에 진심이어서 세대를 넘어 더욱 공감하고 지지하게 된 브랜드가 파타고니아다.

세대 통합을 이루어낸 사례는 패션 분야에만 있는 게 아니다. 2022년 띠부띠부씰 열풍을 불러온 포켓몬스터는 1996년 닌텐도 게임으로 시작해 30년 가까운 기간 동안 게임산업을 넘어 미디어 역사상 가장 거대한 IP 매출을 올렸다. 포켓몬스터의 인기에는 여러 요인이 있겠지만 가장 중요한 것은 세대에 관계없이 즐긴다는 사실이다. 어린 시절 포켓몬스터를 보고 즐기며 성장한 사람들이 부모가 되어 자녀와 함께 즐기며 세대를 초월해 인기를 구가했다. 그 영향력이 단적으로 드러난 것이 띠부띠부씰 열풍이다.

2022년 오랜만에 포켓몬빵이 부활하면서 커뮤니티 등을 통해 빵에 든 포켓몬 띠부띠부씰 인증이 줄을 잇기 시작했다. 한동안 소셜미디어는 포켓몬빵 구입 인증글과 해시태그로 도배되었고, 중고장터에서 띠부띠부씰이 빵값보다 비싸게 거래되며 하나의 사회현상으로까지 대두되었다. 포켓몬빵의 인기나 매출보다 더 중요한 것은 포켓몬빵을 둘러싼 상황과 대상이다. 부모님을 통해 포켓몬스터를 접한 어린 팬들, 자신의 학창시절을 함께한 피카츄를 추억하며 빵을 사는 20대와 30대, 자녀를 위해 포켓몬빵 구입 레이드에 동참한 40대 부모들, 나아가 손자손녀를 위해 기꺼이 편의점이나 마트를 순회하거나 구입자금을 지원해주신 시니어세대에 이르기까지, 포켓몬빵 득템 행렬에 동참한 이들은 모두 행복했다. 한남동에서 열렸던 '배스킨라빈스 포켓몬 위드 하이브시티' 팝업스토어 앞에는 자녀들의 손을 잡은 부모들과 20~30대 포켓몬 팬들이 매장 오픈 전부터 구매 대기줄을 섰고, 돌아가는 모두의 손에 포켓몬빵과 굿즈가 담긴 쇼핑백이 들린 모습이 이벤트 기간 내내 이어졌다. 주변에서 포켓몬빵이 인기라고 해서 덩달아 구매 대열에 합류한 이들도 있었지만, 이들도 포켓몬의 서사에 익숙했다. 20~40대는 어릴 적에 포켓몬스터 열풍이 워낙 대단했고, 10대들도 부모나 다양한 파생상품을 통해 포켓몬스터 서사를 어느 정도는 알고 있다. 이들은 25년 만에 포켓몬 대회에서 우승한 주인공 '한지우'의 이야기에 다시 주목하기도 한다.

"진짜 근본 넘친다… 1화 첫장면이랑 지우 마지막 우승 스쿼드를 함께하다니 ㅋㅋㅋㅋ 디스켓에 포켓몬 게임 넣어서 하던 게 떠오르네 ㅋㅋㅋ"

"지우 우승했다길래 넷플에 있는 포켓몬 정주행하는데 마지막 시즌이 약간 울컥하더라… 지우 세계관 정리하는 느낌…"

트렌드를 다루면서 빠지지 않는 주제가 '세대'다. 기업, 브랜드 그리고 미디어들은 특정 세대의 소비성향과 가치관에 주목한다. 자연스레《트렌드 노트》시리즈에서도 밀레니얼세대, Z세대, 이들을 한 범주로 묶은 MZ세대 담론을 다룬 지 5년이 넘었다. 비즈니스를 확장하고 개척하려면 이들의 라이프스타일을 반드시 이해해야 한다는 공감대가 있었기 때문이다. 하지만 이제는 라이프스타일이라는 단어도 너무 익숙해졌고, 무엇보다 'MZ'라는 단어에 피로감이 쌓이고 있다. MZ에 대한 이야기를 하지 않는 브랜드를 찾기가 더 힘들 지경이다.

세대로 구분 지어 고객을 이해하는 게 대단히 잘못된 접근이라는 말은 아니다. 하지만 MZ세대는 1981년생부터 2012년생까지 포괄하는데, 과연 30여 년이란 시간의 갭을 한 단어로 묶어서 이해할 수 있을까? 조금 범위를 좁힌 밀레니얼세대도 마찬가지다. 20대 후반에서 40대 초반까지 아우르는데, 누구는 학부모이고 누구는 사회 초년생이다. 이 중 1981~83년생은 초등학교가 아닌 국민학교를 졸업한 사람들이다. 이런 한국사회의 기본적인 인구학적 특성을 고려하지 않은 채 기계적으로 세대를 나누고 남용해서야 득보다 실이 더 크지 않겠는가. 자기 집단의 다양성은 과대평가하고 다른 집단의 다양성은 과소평가하는 '외집단 동질성' 편향에 빠질 위험성이 매우 높다.

무엇보다 세대만을 기준으로 바라보면 세대를 넘나들며 공감하는 경험을 놓치기 쉽다. 자신의 취향이 중요하고, 팝업스토어를 즐겨 찾고, 호캉스를 가고, 재택근무를 선호하는 것, 개인의 시간을 중시하고, 열심히 일한 나를 위해 플렉스(flex)하고, 재테크에 진심인 것, 와인과 위스키를 즐기고 깊게 공부하는 것… 흔히 MZ세대의 가치관으로 설명되는 것들이다. 과연 이것이 이들만의 특성일까? (시간차가 존재할 수는 있지만) X세대도 한정판 스니커즈 모으기에 진심이고, 성수동이나 더현대 서울의 팝업스토어도 방문한다. '남들과 다르게 살고 싶다'고 말하는 20대를 보며 마치 필자의 20대 때인 듯싶어 놀란 기억도 있다.

심지어 우리는 하루에도 여러 번 정체성이 바뀐다. 20대 대학생이든 30대 워킹맘이든 마찬가지다. 서른 살이 되기 전에 1억을 모으겠다는 일념으로 재테크 공부를 하고, 돈을 아끼고자 주유 시에도 신한 더모아카드로 5990원씩 쪼개서 결제하는 수고를 아끼지 않지만,[5] 가끔은 갓생 사는 자신을 위해 신라호텔의 9만 8000원짜리 애플망고빙수를 먹으며 호텔에서 대접받는다는 감성을 만끽한다. 재택근무를 할 때는 육아맘이 아닌 직장인의 정체성을 가지고 그에 맞게 공간을 꾸미고, 육퇴 후에는 자신을 위한 시간을 반드시 갖는다.

그런데도 몇 년생인지, 어느 세대인지를 잣대로 묶어 바라보는 게 얼마나 의미가 있을까? 그보다는 세대를 이어 전해지는 우리 브랜드의 가치를 생각해보는 게 더 생산적이지 않을까?

---

5) 2021년 12월에 가입 폭증으로 단종된 신용카드로, 전월실적 30만 원 이상이면 5000원 이상 결제 시 뒷자리 금액을 포인트로 적립해주는 혜택을 제공한다. 5990원을 결제하면 990원이 카드 포인트로 쌓이는 형태이며, 적립한 포인트는 현금화가 가능하다.

'타깃'이 아니라 '팬'에 집중하자

지금까지 콘텐츠를 중심으로 시대와 세대를 넘나들며 사랑받는 브랜드의 특성을 살펴보았다. 그들에게는 촘촘히 쌓인 서사와 세계관이 있고, 누구나 받아들일 수 있는 보편적인 상품(캐릭터)이 있었다.

《2022 트렌드 노트》에서 2020년대는 신념의 시대라고 이야기했다. 여기서 신념은 어렵고 무겁거나 돈을 포기하는 것이 아니라 진심이라고 표현되는 것이다. '나는 어떤 사람인가?'에 대해 치열하게 고민한 결과로 '나는 무엇을 진심으로 좋아하는 사람입니다'라고 표현되는 시대다.

이 문답을 브랜드도 피할 수 없다. '당신은 무엇을 좋아하며, 무엇에 몰입하는 브랜드인가요?'라는 질문에 답을 해야 한다. 우리 브랜드의 진심이 사람들에게 전해졌을 때 그들은 우리의 이야기를 전파할 것이고, 자발적으로 우리의 팬이 될 것이다. 팬덤 역시 나의 정체성을 표현하는 일부이기에 브랜드의 팬덤을 만든다는 것은 신념을 다지는 것과도 맞닿는다. 그런 의미에서 2020년대는 신념의 시대인 것만큼이나 팬덤의 시대이기도 하다.

팬덤이란 무엇인가? 공통의 관심사를 공유하고, 그것에서 가치를 발견하고, 감정적 지지를 보내는 집단활동 혹은 사람들을 뜻한다. 소수가 즐기는 서브컬처에서 비롯된 개념이지만 이제는 서브컬처뿐 아니라 산업 전반에서 자발적으로 생겨나는 문화가 되었다.

시작이 서브컬처였던 만큼 팬덤은 세대 구분이나 사회적 지위 같은 것이 중요하지 않다. 본인들의 취향, 콘텐츠의 가치를 발견하고 인정할 뿐이다.

팬덤이 대표적으로 나타나는 영역은 크게 3가지, 스포츠, 아이돌 그리고 콘텐츠다. 각 영역의 팬덤은 닮은 듯 다른 가치를 지닌다. 스포츠 팬덤의 핵심가치는 경쟁과 승리, 실력의 증명, 그리고 근본과 역사다. 승부의 세계에서 가장 근본이 되는 실력을 중시하고, 실력을 증명하기 위해 경쟁하고 비교하며, 이런 커리어를 증명해온 역사를 중시한다는 뜻이다.

아이돌 팬덤은 애착과 정성으로 요약된다. 자신에게는 최고인 '최애' 아이돌 그룹이나 멤버를 자식처럼 아끼고 사랑하며, 이들의 성공에 자기 일처럼 행복해한다. 최애 아이돌의 성장과정과 노력을 지켜보고 응원하는 정성스러운 존재다.

마지막으로 콘텐츠 팬덤은 취향과 몰입으로 요약된다. 콘텐츠 팬덤의 핵심가치는 취향, 매력, 즐거움, 재미, 힐링이다. 재미를 위해 또는 고달픈 현생을 잠시 벗어나 몰입하기 위해 자신의 세세한 취향에 딱 들어맞는 콘텐츠를 찾는다.

브랜드가 팬덤을 가진다는 것은 이 3가지 팬덤의 합 혹은 결정판이다. 스포츠 팬덤의 특징인 역사와 근본은 고유의 히스토리와 시그너처 아이템을 가진 브랜드에서, 아이돌 팬덤의 정성과 애착은 드로우, 리셀, 수집할 만한 가치를 가진 브랜드에서 나타난다. 콘텐츠 팬덤이 가진 취향, 세계관, 오리지널리티는 고유의 철학을 가진 브랜드와 연결된다.

라이프스타일이 분화되는 오늘날에는 특정 세대가 아닌 개인의 관심사나 취향으로 고객을 바라보는 것이 더 의미 있다. 심지어 개인의 취향이나 가치관에도 깊이의 차이가 있다. 음악 감상으로 취향이 모아진다 해도 누구는 상황별 추천 큐레이션이 가능한 쪽으로, 누구는 음질의 미세한 차이를 구분할 수 있는 수준으로 저마다 촘촘하게 세분화되고 있다. 기업이나 브랜드로서는 머리 아픈 상황이지만 해법이 없는 것은 아니다. 코어를 주축으로 끊임없이 확장되고 변화, 변주되는 콘텐츠 구축을 고민해보는 것이다. 핵심은 서사가 있는가이며, 코어 취향에 기반해 다른 결로 심화되는 다양한 선택지를 제공할 수 있는지가 중요하다. 이것이 가능하다면 같은 영역 안에서 다양하게 세분화되는 취향과 가치관들을 아우를 수 있을 것이다.

이 말이 힌트가 되길 바란다. 팬을 자처하는 사람들을 확보한 브랜드가 되기 위해서는 그들만이 알아볼 수 있는 디테일한 가치가 있어야 하고, 그들만이 이해하고 경험하는 영역(realm)을 구축해야 한다. 그러려면 소비자를 공략해야 할 '타깃'으로 보지 않아야 한다. 나와 함께 성장하는 동등한 친구로 대하고 바라보자. 우리 브랜드의 팬이 생긴다는 것은 내가 그들을 찾지 않아도 그들이 나를 잊지 않고 찾아준다는 것이다. 이보다 더 큰 가치가 있을까? 당장의 매출 증대를 위해 나의 고유함을 버리고 아무 때나 프로모션 쿠폰을 뿌리고, 이곳저곳 다른 플랫폼에서 세일을 하며 친구를 체리피

커로 만드는 우(愚)는 범하지 않기를 바란다.

진정성은 주장하는 것이 아니라 발견되는 것이다. 소비자들에게 우리 브랜드를 알아달라고 말하는 것이 아니라 발견되어야 한다. 그 중심에는 세대를 아우르는 서사, 고유의 아카이브와 진정성이 담겨 있어야 한다. 그럴 때 궁극적으로 도달하고자 하는 '팬덤'이 생길 것이다. 우리 브랜드의 정체성을 잃지 않고 꾸준히 밀도와 서사를 쌓아가는 과정을 거치면서 소비자들에게 발견될 기회도 커진다는 것을 잊지 말자.

1. 콘텐츠와 서사가 가지는 힘은
시간과 세대를 넘어 지속되고, 커지고 있다.

내 브랜드의 진정성을 보여주고 공감받기 위해 어떤 노력을 해야 할까? 한 가지 확실한 방법은 내 브랜드를 정말 좋아하는 사람들과 함께 일하는 것.

2. 특정 세대에 기반한 타기팅보다
취향에 기반한 팬덤이 중요한 시대다.

취향을 기반으로 내 브랜드가 만든 견고한 영역에 사람들이 모이고, 브랜드의 콘텐츠와 서사를 발견하면 결국 팬덤으로 이어진다. 발견, 변주, 확장의 3가지 키워드에 집중해보자.

Chapter 6

팬을 남기는 브랜드 경험

: 모델 활용을 중심으로

정현아

"인간○○(브랜드) 중에 인간야나두 인간닥터 젤 인상적이야ㅋㅋㅋ
ㅋ 인간TOP 원빈 인간카누 공유 인간맥심 이나영 인간네네치킨 유재
석 인간디올 수지 인간샤넬 제니 인간구찌 카이 인간아디다스 손나은
인간야나두 조정석 인간닥터 정애리 ㅋㅋㅋㅋㅋㅋㅋㅋㅋ 정애리님
인간닥터 ㅇㅈ"
"인간 포카리 그 자체세요… 사진에서 느껴지는 청량… 산뜻… 포카
리 사서 마실 필요가 없다… 권정열 보면 다 해결… ♥"

인간 샤넬, 인간 포카리, 인간 닥터까지… 사람들은 연예인을 보
며 떠오르는 이미지에 따라 어울리는 브랜드를 대입하고, 브랜드로
이미지를 설명한다. 브랜드의 모델은 브랜드를 대표하는 얼굴로 활
동하며 브랜드 이미지 구축과 인지도 향상에 큰 역할을 해왔다.
소비자들의 취향이 확실해지고 브랜드를 따지게 되면서 브랜드
모델에 대한 생각 또한 변화하고 있다. 단순히 브랜드에 이미지를
불어넣던 역할을 넘어 브랜드와의 어울림은 어떤지, 브랜드와 모델
의 관계는 어떻게 형성되는지 등을 논의하는 단계에 이르렀다.

샤이니가 팝핀과 니킥 영상으로 뿌셔뿌셔를 광고하고 동시에 에 뛰드하우스도 광고하던 때를 기억하는가? 과거에는 내 '최애'가 광고하는 제품은 묻지도 따지지도 않고 구매하고 입소문을 냈다. 하지만 지금은 최애가 모델이라 해도 무조건 응원하지 않는다. 연예인들도 하나의 브랜드다. 소통 플랫폼, 유튜브를 통해 저마다 뚜렷한 캐릭터로 인식되고 있으며, 많이 노출되는 만큼 큰 영향력을 발휘한다. 그럴수록 소비자들은 더 많이 따져보고 구매하기 마련이다. 추천템이라고 해서 그냥 소비하지 않으며, 내가 좋아하는 유튜버가 광고하더라도 진짜 나에게 도움이 되는지를 따진다. 이제는 모델의 유명세에만 기대서는 원하는 만큼의 효과를 얻기 어려운 시대다. 모델의 효과를 얻기 위해서는 지금까지와는 다른 접근방식이 필요하다.

생활변화관측소가 측정하는 뜨는 브랜드 스코어(BRIN)에는 식음, 뷰티, 패션, 유통 등의 영역에서 매주 다양한 브랜드가 오르내린다. 그중 2022년 브랜드 화제성을 테마별로 정리해보니 '모델'(12.3%)의 화제성이 특히 눈에 띄었다. 으레 모델을 기용하는 뷰티, 패션뿐 아니라 식음, 모빌리티, 유통, 리빙 등 다양한 분야에서 모델이 주목받고 있었다.

물론 산업마다 특성이 다르므로 모델의 어필 포인트도 다르다. 이미지가 중요한 뷰티, 스토리가 중요한 식음 등 산업 특성에 따라 모델을 둘러싼 담론도 다 다르다. 모델을 어떤 방식으로 활용했을 때 소비자의 호응을 얻을 수 있을까? 이 점을 파악한다면 팬덤

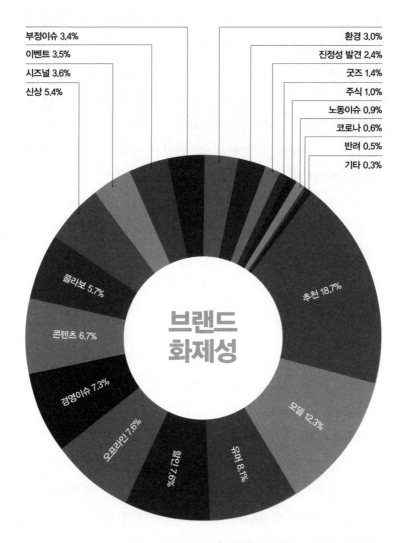

〈2022년 브랜드 화제성 분류〉

부정이슈 3.4%
이벤트 3.5%
시즈널 3.6%
신상 5.4%

환경 3.0%
진정성 발견 2.4%
굿즈 1.4%
주식 1.0%
노동이슈 0.9%
코로나 0.6%
반려 0.5%
기타 0.3%

클라보 5.7%
콘텐츠 6.7%
경영이슈 7.3%
오프라인 7.6%
행사 7.6%
규모 8.1%
모델 12.3%
추천 18.7%

브랜드
화제성

출처 | 생활변화관측소, 2022.01.01~2022.12.31

의 메커니즘은 물론 오늘날 소비자들이 추구하는 가치를 엿볼 수도 있을 것이다. 이제부터 뜨는 브랜드 스코어를 바탕으로 사람들이 어떻게 팬이 되고, 브랜드는 어떻게 팬덤을 극대화할 수 있는지 살펴보자.

모델 선정 : 숨겨진 진심들의 만남

인기도보다 브랜드와의 스토리

이제 사람들은 모델이 누구인지뿐 아니라 모델 선정 과정에서부터 관심을 갖는다. 특정 브랜드와 어울리는 모델 또는 콜라보레이션 브랜드를 먼저 제안하고, 브랜드와 모델이 어울리지 않으면 자기들끼리 가상 캐스팅을 하고 광고까지 직접 만들어보는, 모두가 마케터인 시대다. 브랜드에 대한 정보와 브랜드 이미지를 생각하며 브랜드에 참여하고 싶어 한다. 어떠한 이유로 모델을 선정했는지, 그 모델이 브랜드와 잘 맞는지 판단하고, 맞지 않는다 싶으면 의견을 남기기도 한다.

2022년 1월 2주 뜨는 브랜드 스코어 5위에 오른 '농심×더보이즈' 사례는 사람들이 브랜드 모델 선정 과정에 참여하고, 이 과정이 또 하나의 콘텐츠가 되는 흐름을 잘 보여준다.

농심은 멸치칼국수의 첫 모델로 더보이즈를 선택했다. 더보이즈 멤버 큐는 팬 콘서트에서 그룹의 강점을 소개하던 중 '칼군무'를

'칼국수'로 잘못 읽어 '칼국수돌'이라는 애칭을 얻었다. 그러자 큐는 아예 브이라이브에서 칼국수 먹방을 하며 콘서트 당시의 상황을 언급했고, 팬들은 농심 공식계정을 태그해 더보이즈를 모델로 적극 추천하기 시작했다. 그 후 실제로 더보이즈가 멸치칼국수의 온라인 모델로 발탁된 것이다. 농심은 이야기가 시작된 더보이즈 팬 콘서트 현장 영상을 광고에 활용하는가 하면 친필사인 포토카드 이벤트를 진행하는 등 팬들의 의견을 적극 반영했다. 1997년 출시했지만 1020세대에는 별다른 인지도가 없었던 농심 칼국수는 더보이즈 모델을 계기로 10대 사이에서 인지도를 끌어올렸다.

"더보이즈 칼군무를 더보이즈 칼국수로 잘못 말한 큐… 다음날 라이브 배경에 있던 멸치칼국수… 브이앱에서 멸치칼국수 끓여먹던 큐…… 이를 본 담당자 덕분에 멸치칼국수 광고모델 된 더보이즈…"
"농심 멸치칼국수 마케팅 담당자분… 보너스 받아야 함 당연함 마케팅은 이렇게 해야 함… 나 원래 먹고 싶은 거 얘기해봐~ 하면 칼국수는 거들떠도 안 보던 사람인데 먹고 싶은 거 list에 칼국수 추가함 근데 이제 여기에 더보이즈가 모델이 됐다? 장보러 갈 때마다 멸치칼국수 flex할 거임"

'농심×더보이즈'가 화제가 된 것은 더보이즈의 인기 때문은 아니다. 제품과 모델이 만나게 된 비하인드가 사람들에게 재미 포인트로 통했기 때문이다. 브랜드와 모델 사이에 스토리가 있을 때 사람들은 광고의 진정성을 느낀다. 칼국수돌에서 칼국수 모델이 된 더보이즈, 팬들이 직접 추천하고 농심 담당자가 이것을 캐치해 실제로 모델이 되었기 때문에 사람들은 감동한다. 그리고 이 과정을 단순히 재현하거나 아예 무관한 광고를 짠 게 아니라 실제 팬 콘서트 영상을 활용하는 방법으로 더보이즈가 칼국수 모델이 된 이유를 보여주었다. 모델의 작은 실수와 팬의 추천, 그것을 캐치한 담당자까지 모두가 함께 만든 광고다. 이런 비하인드가 있기에 사람들은 브랜드를 함께 만들어간다는 느낌을 가지며, 브랜드를 응원하게 된다.

더보이즈 큐가 귀여운 해프닝 덕분에 칼국수 모델이 되었다면 오랜 기간 원했던 끝에 모델이 된 경우도 있다. 2022년 11월 2주 9위에 진입한 '진라면×진'이다. 세계적으로 인기를 얻고 있는 BTS의 진이 진라면의 모델로 기용되었다. 이름이 '진'이기 때문에 진라면 모델이 된 것이 아니다. 여기에도 서사가 있다. 진은 2016년 공연 뒤풀이 브이로그에서 진라면 컵라면을 먹으면서 멤버들에게 "언젠가 이 라면의 모델을 하겠다"고 공언하더니 "보고 있나, 쓰러져도 벌떡 일어나는 브랜드"라고 오뚜기를 돌려서 재치 있게 표현했다. 오뚜기는 모델 선정 이유로 '맛에 대한 진심'과 '음악에 대한 진심'이 통한다는 점을 꼽고, 광고에서도 '마침내 진심이 통했다!'라는 문구로 진의 소원성취와 오뚜기의 메시지를 전달했다.

그동안 사람들은 브랜드를 향해 수없이 자신의 최애를 어필했지만 직접 응답하는 브랜드는 없었다. 그렇기에 응답하는 브랜드에 더욱 크게 반응한다. 자신의 의견이 채택되어 브랜드에 직접적인

〈2022년 브랜드 이슈 키워드 순위〉

	키워드
1	티데이
2	세븐틴
3	비건
4	화재
5	포켓몬
6	올리브영
7	세일
8	사우디
9	BT21
10	제니
11	BTS
12	팝업스토어
13	남양
14	사전예약
15	딸기
16	인텔
17	로제
18	크리스마스
19	미니어처
20	철수

출처 | 생활변화관측소, 2022.01.01~2022.12.31

영향력을 주었다는 것에 효능감을 얻고, 함께하는 과정을 통해 브랜드와 가까워진다. 어떤 이유로 모델이 선정되었는지 말해 주는 비하인드는 사람들에게 말할 거리를 주고, 함께 응원할 서사를 부여한다.

브랜드는 더이상 브랜드만의 것이 아니다. 브랜드는 언제나 사람들과 함께해야 하며, 사람들이 우리 브랜드에 대해 어떤 이야기를 하고 반응하는지 살펴야 한다. 사람들의 의견을 반영하고 함께 모델을 선정하는 등 소비자들을 참여시켜야 한다.

진심들의 만남, 브랜드와 모델의 진정성

2022년을 통틀어 가장 많이 언급된 모델은 세븐틴이었다. 세븐틴이 올리브영을 점령했다는 농담이 있을 만큼 많은 뷰티 브랜드의 선택을 받았다. 세븐틴은 다른 모델들과 다른 점이 있다. 화보 속 모델만이 아니라 일상에서도 브랜드와 함께하고, 자신이 쓰는 제품을 팬들에게 당당하게 추천한다. 세븐틴 승관은 엘르코리아가 운영하는 유튜브 코너 'ELLE네이름택'에 출연해 애장품을 소개하는 영상으로 '자기관리 잘하는 아이돌'로 화제가 되었다. 영상에 나온 제품들도 '부승관리템'으로 입소문을 탔는데, 그중 브링그린이 가장 먼저 승관에게 손을 내밀었다. 이 과정에서 브링그린이 보여준 방식이 팬덤에게 좋은 이미지를 주어 2022년 1월 4주 '브링그린×세럼'이 6위에 올랐다.

> "옴맘마 부석순(승관, 호시, 도겸) 브링그린 세럼라인쪽 광고인가봐…
> 두근두근"
> "다음 컴백이 세븐틴은 아님 브링그린과 올리브영 댓글 누가 봐도 호시 브링그린의 부석순 팔로잉 '부링그린×부석순 같이가요' 케이크
> 까지"

브링그린은 세븐틴 승관, 도겸, 호시로 이루어진 유닛그룹 '부석순'을 모델로 발탁했다. 디지털 싱글 이후로 소식이 없었던 부석순이 광고로 컴백해 셋의 유닛을 응원하던 팬들의 소원이 이뤄졌다. 또한 모델을 바로 공개하는 대신 세븐틴, 올리브영, 브링그린이 공식 인스타그램으로 서로에게 댓글을 남기면서 팬들이 활동을 추측할 수 있게 해 기대감을 높였다. 브링그린은 모델 활용에서도 세븐틴에 대한 애정을 보여주었다. 제주 출신 승관에 맞게 제주에서 화보를 찍고, 청량돌로 유명한 세븐틴의 컨셉을 십분 살려냈다. 단순

히 모델 효과를 높이기 위해 세븐틴 정보를 활용한 게 아니라 인간 승관, 도겸, 호시의 캐릭터와 그들에 대한 애정을 바탕으로 콘텐츠를 제작했다.

팬덤과 대중이 브링그린에 반응한 이유는 브링그린에 대한 승관의 애정과, 브링그린이 보여준 모델에 대한 진정성 때문이다. 브랜드 모델에서 중요한 것은 이미지만이 아니라 모델과 브랜드의 진정성이다. 오늘날에는 연예인들의 개인생활이 온라인으로 상당 부분 공개되는 만큼 사람들도 그들의 생활과 소비에 관심을 갖는다. 그들이 추천한 것을 구매하고 '손민수'하며, 모델일 때는 제품을 사용하다 계약 종료와 동시에 다른 제품으로 갈아타는 행태에 실망하기도 한다. 그렇기에 진정성 있는 모델 선정에 더욱 감동한다.

최근 진심을 기반으로 모델을 기용하는 경우가 많아지고 있다. 2023년 2월 3주 9위에 진입한 '삼성×창빈'은 역대급 서사를 보여준다. 삼성전자는 '갤럭시S23' 출시를 기념해 광고 영상을 공식 유튜브 채널에 공개해 트위터 실시간 트렌드에 오르고 조회수가 500만 회를 넘는 등 큰 화제를 모았다. 이 광고가 화제가 된 이유는 갤럭시 유저로 유명한 스트레이키즈 창빈을 모델로 섭외했기 때문이다. 브링그린×세븐틴이 추천템이라는 진정성을 바탕으로 했다면, 삼성×창빈은 제품 사용뿐 아니라 창빈의 개인적인 소신까지 보여준다.

모델을 활용한 브랜드 홍보가 많아지면서 모델의 이미지가 브랜드와 어울리는지만이 아니라 실제로 이 제품을 사용하는지도 따져가며 제품을 구매하는 사람이 늘고 있다. 실제로 제품을 사용하는 이가 광고를 맡으면 더 믿음이 간다. 스트레이키즈의 창빈은 모든 멤버가 아이폰을 사용할 때 혼자 삼성 갤럭시를 사용하고, 유일한 갤럭시라는 핍박(?) 속에서도 갤럭시를 홍보하고 '빅스비'를 당당하게 외치던 멤버였다. 이에 어느 팬은 창빈이 갤럭시를 홍보하는 영상만 모아 '줏대 있는 창빈이의 갤럭시 사랑'이라는 콘텐츠를 만들기도 했다. 또한 창빈은 '줏대좌'로도 유명한데, 샌드위치가 맛있냐고 묻는 멤버에게 "네가 먹고 판단해. 남의 말에 휘둘리지 말고. 난 네가 줏대 있게 인생 살았으면 좋겠어"라는 명언을 진지하게 하여 얻은 칭호다.

삼성은 창빈의 줏대좌 밈을 활용해 '줏대 있는 말걸기 편', '줏대 있는 게임편', '줏대 있는 셀피 편' 등 3편의 광고를 제작했다. 밈이 탄생한 영상의 장면과 구도를 그대로 광고에 재현하고, 멤버들의 질문까지 그대로 구현해 팬들뿐 아니라 줏대좌 밈을 아는 이들에게 극찬을 받았다. 나아가 밈만 활용한 게 아니라 운동, 게임 등 창빈이 평소에 하는 취미활동을 컨셉으로 제작해 모델에 대한 진정성을 높였다.

삼성은 갤럭시S23를 출시하면서 갤럭시 선호도가 낮은 10대에게 친근하게 다가가기 위해 스트레이키즈 창빈과 줏대밈을 적극 활용해 광고로 만들었다. 주변 사람들에게 휘둘리지 말고 갤럭시를 쓰라는 광고 메시지는 실제로 10대들의 큰 호응을 얻었다.

"창빈이 갤럭시 광고 단순히 셀럽의 밈을 갖다 쓴 게 아니라 창빈이가 애초에 갤럭시 유저인 부분/줏대밈 원본/주변/앞뒤상황/구도를 꽤 구체적으로 파악하고 창빈이의 페이보릿 취미 같은 것도 인식된 채로 탄생한 것 같아서 밈과 멤버의 구체적인 사정을 아는 팬들 입장에서도 보기 편하고 흥미로운 듯"

"창빈이와 갤럭시 서사 미쳤다고… 같은 그룹 내 유일한 갤럭시 유저 줏대좌는 어떤 질타와 놀림에도 굴하지 않고 몇 년째 갤럭시를 지켜갔고… 결국 자신의 유행어로 갤럭시 광고를 따냈습니다… 우리 창빈이 평생 갤럭시만 쓰겄네ㅋㅋㅋㅋㅋㅋㅋㅋㅋㅋ 우리 창빈이 이쁘게 봐줘서 고마워요 삼성"

많은 정보가 쏟아지는 지금, 진정성은 이 시대가 추구하는 가치다. 실제 그 제품을 사용하고 브랜드에 대한 애정이 있는지 정도에 머무는 진정성이 아니다. 브랜드와 모델이 서로를 잘 알고, 그 사실을 기반으로 전개하는 브랜드 활동으로 진정성을 얻는다. 사람들은 애정을 바탕으로 한 브랜드 활동에 호응한다.

선정 이유를 콘텐츠로 납득시킬 수 있는가?

물론 서사와 진정성 없이 모델이 되기도 한다. 오랜 시간 동안 사람들은 서사와 진정성을 따지지 않고 모델을 평가해왔다. 브랜드도 자신의 이미지에 맞는 사람을 찾거나, 추구하는 이미지의 브랜드 페르소나를 보여주는 모델을 선정해왔다. 지금도 이 방식이 유효할까? 당연히 그렇다. 달라진 점이 있다면 지금은 대중을 설득시켜야 한다는 것이다. 사람들은 왜 이 모델을 선정했는지, 브랜드가 지향하는 바가 무엇인지 알고 싶어 한다. 이 점을 납득시킬 수 있는 모델과 설명할 수 있는 콘텐츠가 필요하다.

2023년 2월 4주 10위 '이니스프리×민규'가 이를 잘 보여준다. 이 시기 이니스프리는 제주의 자연주의라는 기존 컨셉을 탈피해 모든 것을 바꾸는 리브랜딩을 시도했다. '이니스프리의 새로운 섬, 뉴아일'이라는 세계관을 만들고, 이를 보여줄 모델로 세븐틴의 민규를 발탁했다. 처음에는 다들 의문을 가졌다. 이니스프리는 11년간 같은 모델을 유지하며 뚜렷한 브랜드 이미지를 다져온 터라 민규라는 새 모델이 다소 생뚱맞았던 것이다. 그러나 역동적이고 파격적인 캠페인 영상이 공개되자 민규가 가진 에너제틱한 이미지와 잘 맞아떨어지고, 이니스프리의 리브랜딩 의도를 이해하게 되었다는 반응으로 바뀌었다.

컨셉을 뒷받침하는 콘텐츠 없이 모델의 이미지만 가져오려 하면 마이너스 효과가 날 수 있다. 이니스프리가 민규 이전에 아이브 장원영을 모델로 발탁했을 때에는 어울리지 않는다는 반응이 많았고 브랜드 지향점을 이해하기도 어려웠지만, 리브랜딩에서는 새 모델과 변화한 콘텐츠로 이니스프리의 방향성을 납득시켰다.

모델을 선정할 때는 모델을 통해 무엇을 전달할 것인지가 확실해야 한다. 단순히 변화한 이미지, 모델의 이미지를 가져오는 것이 아니라 콘텐츠와 방향성으로 납득시켜야 한다. 그러려면 더욱더 모델에 대한 확실한 이해가 바탕이 되어야 한다. 모델 이미지와 브랜드가 말하고자 하는 콘텐츠를 잘 연결시켜야 팬들도 브랜드의 모델선정을 받아들일 수 있다.

"사실 이니스프리에 민규 모델 들었을 때는 말 그대로 엥…? 이었는데 저 영상 보고 나니까 브랜드가 추구하는 '무한한 에너지' '가능성' 이런 상쾌하고 동적인 이미지가 너무너무너무 긍정맨 활력짱강아지 밍규한테 딱 맞는 역할이라는 생각이 든다"

"이니스프리가 대대적으로 브랜드 이미지를 변화시키려 하는구나 느낄 수 있는 광고였다. 이미 한 번도 없던 남성 모델(민규)을 기용한 것도 꽤 큰 변화였는데 공개된 영상을 보니 이전에는 청량, 푸릇, 제주도의 5월 이런 느낌이었다면 새로운 이미지는 파란, 동남아의 어느 섬 이런 느낌이다."

브랜드와 소비자는 함께 놀아야 한다. 모델을 통해 보여줄 수 있는 것은 우리 브랜드의 태도와 정체성, 방향성이다. 무엇을 말하고자 하는지에 따라 모델을 다양한 관점에서 선택할 수 있으며, 이를 콘텐츠에 담아 사람들에게 이야기해야 한다. 설득되지 않은 마케팅은 사람들에게 가닿지 않는다.

브랜드와 소비자는 함께 놀아야 한다.
모델로 보여줄 수 있는 것은
우리 브랜드의 태도와
브랜드의 정체성, 방향성이다.

모델 활용 : 팬이 되어 팬덤과 친해지기

티저와 스포일러, 팬덤과 관계 쌓기

브랜드 모델을 선정했으면 어떻게 활용할 것인지 생각해보자. 모델 선정이 '무엇을 말할 것인가'의 문제였다면 모델 활용은 '어떻게 말할 것인가'가 중요하다. 모델과 브랜드는 함께 이야기해야 한다. 과거에는 모델이 말하는 것이 곧 브랜드가 말하는 것으로 보였지만, 지금은 모델 또한 하나의 브랜드이며 모델이 되는 브랜드와 동일시되지 않는다. 따라서 모델과 브랜드는 브랜드와 브랜드로서 이야기를 주고받아야 한다.

최근에는 광고 캠페인 이전에 모델 공개 시점부터 티저를 통해 사람들과 소통한다. 스포일러(spoiler)는 영화를 아직 보지 않은 사람에게 주요 내용, 결말을 미리 알려주어 보는 재미를 떨어뜨리는 행위를 일컫는다. 영화나 드라마에서 스포일러는 금기사항이지만 마케팅에서는 대중의 호기심을 자극하기 위해 스포일러를 활용하기도 한다.

'Guess who?'를 본 적이 있는가? 브랜드에서 새로운 모델을 곧바로 알리는 대신 'Guess who?'라는 질문과 티저를 공개하고, 누구일지 맞혀보라며 힌트를 던진다. 이 힌트는 스타를 아는 사람들에게만 보이는 스포일러.

2022년 5월 3주 3위에 '라네즈×네오유닛'이 진입했다. 세븐틴의 조슈아와 승관이 라네즈 네오쿠션의 새로운 모델이 되어 화제가 되었다. 이때 라네즈는 'Guess who?' 티저를 공개했다. 영상은 두 모델의 화보 사진 일부분과 0~16 숫자를 보여주고는 'and next?'라는 스포일러를 던졌다. 이에 세븐틴 팬덤인 캐럿은 얼굴이 제대로 드러나지 않았음에도 화면에 잡힌 반지와 숫자만 보고 세븐틴임을 확신했다.

> "0~16까지 쭉 올라가다가 and next에서 소리질렀잖아요 멋짐 그 자체ㅜㅜ몰라 그냥 멋져 tmi로 네오쿠션 한 번 써보고 그대로 반해서 나 이거만 쓰자나"
> "세븐틴 또 반지 때문에 정체 다 발각되는 거 너무 웃기고 무슨 일이 있어도 빼지 않는 팀반지 때문에 감동적임"
> "설마 세븐틴이라서 영상 17초 노린거????? 진짜면 라네즈 광고천재"

티저를 공개하자 세븐틴 팬들은 영상에서 '떡밥'을 계속 발견하며 네오쿠션을 이야기했고, 라네즈도 직접 세븐틴 팬덤과 소통하며 기대감을 증폭시켰다.

2023년 2월 4주에는 '웨이크메이크×캘리걸'이 7위에 랭크되었다. 웨이크메이크는 새 모델로 르세라핌의 윤진을 기용하고 역시 'Guess who?' 티저를 공개하면서 윤진의 별명인 '캘리걸'이라는 힌트를 주었다. 사실 웨이크메이크는 티저를 공개하기 전에도 트위터 계정을 오픈하면서 르세라핌의 노래 제목을 인용한 멘트를 쓰

〈'스포일러' 언급 추이〉

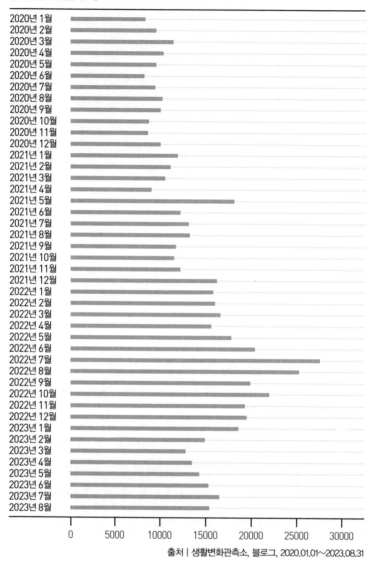

출처 | 생활변화관측소, 블로그, 2020.01.01~2023.08.31

고, 르세라핌이 모델인 것을 티내는 스포일러를 내보이곤 했다.

티저와 스포일러는 소통의 첫 단계다. 스포일러는 브랜드가 모델을 잘 알고 있으며 팬덤과도 함께한다는 점을 보여주는 장치다. 모델을 잘 알고 좋아해야 티저든 스포일러든 가능하기 때문이다. 타깃에 맞는 커뮤니케이션 수단을 잘 이용하는 브랜드만이 대중의 반응을 얻는다. 식음, 뷰티처럼 일상과 가까운 산업일수록 친근하게 다가오는 브랜드를 선호한다.

이 밖에도 오늘날의 브랜드는 다양한 경로로 팬덤에게 친근하게 다가간다. 모델이 팬덤에게 하는 역조공에 동참하는가 하면 SNS 채널을 통해 팬들에게 말을 거는 등 브랜드가 모델의 팬덤과 직접 소통한다.

팬이 되어 관계 확장하기

2023년 1월 4주 1위에 진입한 '네오젠×드림캐쳐'는 브랜드가 모델의 생일뿐 아니라 행복한 날을 함께하는 것을 볼 수 있다. 여자 아이돌 그룹인 드림캐쳐가 데뷔 5년 만에 음악방송에서 1위에 올랐다. 오랜 활동 끝에 이미지 변신을 시도한 노력이 결실을 맺어 첫 1위를 차지하자 팬들은 눈물의 축하를 보냈다. 네오젠도 함께 축하했음은 물론이다.

작은 일이라도 함께 축하해주는 것이 중요하다. 생일이나 기념일만이 아니라 소중한 순간을 함께하는 것이 팬이다. 이처럼 팬으로서 브랜드가 모델과 함께할 때 사람들은 감동받는다.

모델과 브랜드, 팬덤이 함께해야 한다.
그러려면 브랜드가 모델의 팬이 되고
팬덤의 입장에 서야 한다.

2023년 6월 4주 10위에 오른 '브링그린×우리모델자랑'은 브랜드와 모델의 긴밀한 관계를 잘 보여준다. 세븐틴이 모델이던 시절부터 브링그린의 모델 사랑은 유명했다. 새 모델로 엑소 멤버 백현이 발탁되자 브링그린은 지하철 음성 광고, 지면 광고 등 다양한 경로로 이 소식을 알렸다. 이에 백현도 올리브영에 방문해 브링그린 제품을 구매한 사실이 트위터로 알려지면서 백현의 애칭 '큥'을 딴 '큥쑥세트'가 품절사태를 빚기도 했다. 백현은 광고 모델로서의 기쁨과 브랜드에 대한 고마움을 브링그린 트윗 멘션으로 남겼다. "브링그린 근데 솔직히 진짜 고마워 광고량이 진짜 미쳤어 인정하지?… 그리고 진심 솔직히 제품이 좋아."

브랜드가 모델에 대한 진심을 보여주자 모델이 응답했고, 지켜보던 팬덤도 함께 반응했다. 이것이 중요하다. 브랜드만 모델에게 진심을 보여주는 것이 아니라 모델 역시 브랜드와 함께할 줄 알아야 한다. 서로에게 진심일 때 마음이 통하는 법이다.

"악!!!! 올리브영 브링그린 백현이한테 답멘도 받았어!!!! …질투나!!"
"백현이랑 브링그린 정말 둘다 혜자다
브링그린 → 백현 : 백현이 사랑해주기, 광고 거대하게 하기, 포카 미친듯이 잘 뽑기
백현 → 브링그린 : 냅다 트위터에 에리들 쓰라고 홍보하기"

나아가 요즘에는 모델뿐 아니라 모델이 속한 그룹과도 관계를 맺는 브랜드가 생기고 있다. 관계 맺기는 모델에 대한 애정을 넘어 모델을 둘러싼 세계관을 만드는 것과 같다. 관계 맺기를 통해 우리 브랜드가 마치 사람처럼 살아 있음을 보여주고, 우리 브랜드의 확장성과 친근함을 어필한다.

　클리오와 이니스프리가 보여준 관계 맺기는 사람들이 어떤 부분에서 열광하는지를 잘 보여준다. 아이브 안유진이 클리오 모델로 발표된 후, 클리오 트위터 공식계정에 "'안녕'하세요?"라는 인사와 함께 이니스프리를 태그한 트윗이 올라왔다. 이니스프리의 모델은 아이브 장원영으로, 아이브 안유진과 장원영의 조합명인 '안녕즈'에 맞춰서 보낸 것이다. 이에 이니스프리는 "안녕하세요 '장안'의 화제 스프리입니다 선팔하구 가요"라며 맞팔을 했다. 자사 모델인 장원영을 먼저 내세우는 재치 있는 답글이었다. 같은 계열사가 아닌 경쟁 브랜드임에도 아이브라는 공통점으로 소통하는 모습은 사람들에게 신선하게 다가왔다. 이후 두 브랜드는 지속적으로 소통하며 우정 이벤트를 기획했다. 경쟁 브랜드임에도 함께하는 이니스프리와 클리오, 모델을 중심으로 타 브랜드와 소통하고, 이것이 또 다른 콘텐츠가 되는 의외성과 관계성이 재미를 일으켰다.

　　"클리오 이니스프리 아주 난리났네…ㅋㅋㅋ 안녕즈 = '안녕'하세요
　　'장' '안'의 화제 ㅋㅋㅋㅋㅋ 난리났다 아주!! 아 경쟁사인데 노는 거
　　개웃겨ㅋㅋㅋㅋ 대유쾌"

"[#이왜진_클리오_이니슙_찐우정_안녕이벤트] 전부터 서로 팔로우 하시길래 장안의 화제가 되기도 신기하게 생각했는데 실제로 만나시 다닠ㅋㅋㅋㅋㅋㅋㅋㅋㅋㅋㅋㅋ 두 브랜드의 우정을 제가 응원하겠 습니다! 저도 우정에 동참해도 되죠?"

깊은 관계를 맺지 않더라도 언급만으로 관계 확장이 가능하다. 실제로 같은 모델이 활동하는 브랜드들끼리 겹치지 않는 선에서 서로 응원하는 모습이 눈에 띈다. 브링그린은 세븐틴 승관이 라네 즈 모델에 발탁되자 "메이크업은 역시 ㄹㄴㅈ 스킨케어는 당연히 브링그린"이라는 스포를 남겨 화제가 되었고, 웨이크메이크는 르 세라핌의 윤진을 기용하면서 르세라핌 멤버들이 뷰티 모델인 브랜 드를 함께 홍보했다. "오늘도 사이좋고 사랑 넘치는 올리브영 컬러 는 ㅇㅇㅋㅁㅇㅋ 카라는 ㅇㄸㄷ 파우더는 ㅁㅇㅋㅍㅇㅂ." 경쟁 브랜드임에도 각 브랜드의 핵심 아이템을 이야기하며 서로 응원하 는 모습은 팬덤과 대중에게 좋은 인상을 남긴다. 이처럼 모델을 기 반으로 브랜드가 관계 맺을 수 있는 영역이 점점 넓어지고 있다.

브랜드의 추구미를 담은 페르소나

모델은 단순한 이미지를 넘어 브랜드의 페르소나다. 페르소나로 서 모델은 크게 두 가지 역할을 한다. 브랜드의 정체성을 강화하거나, 브랜드의 이미지 변신을 선언하거나. 어떤 의도냐에 따라 브랜드가 모델을 활용하는 방식도 달라진다.

2023년 1월 3주 뜨는 브랜드 스코어에 '생로랑×하트금지'가 2위에 올랐다. 프랑스에서 열린 생로랑 맨즈 컬렉션에 한국 대표 셀러브리티로 세븐틴 정한이 초청됐는데, 출국길에 하트 포즈를 금지당한 것이다.

정한은 타 브랜드의 뷰티 모델로도 활약하면서 공항에서부터 제품을 홍보하는 모습으로 귀여운 아이돌 이미지를 굳혀왔는데, 생로랑은 이와 반대로 명품 브랜드 중에서도 블랙의 시크한 무결점 이미지가 강하다. 이러한 브랜드 정체성을 지키기 위해 모델의 기존 이미지를 배제하는 전략을 택한 것이다. 정한은 생로랑 브랜드의 애티튜드를 따르고자 하트 손인사를 하지 않고 휴대폰 케이스도 뺐으며, 인스타그램 바이오를 생로랑에 맞게 변경하고 스토리에도 트레이드마크인 귀여운 표현과 폰트 대신 생로랑의 시크함을 느낄 수 있는 폰트를 사용했다.

이처럼 생로랑은 모델 초청에도 생로랑이 보이고 싶은, 추구하는 이미지를 지키고자 노력하며, 사람들도 이를 이해하고 있다. 사람들은 팝업스토어, 모델, 제품 등 다양한 브랜드 경험을 하며 적극적으로 브랜드 정체성을 파악하고, 브랜드의 의도를 받아들인다. 브랜드에 대한 이해가 깊은 만큼 모델과 메시지가 브랜드 정체성이나 방향성에 얼마나 부합하는지도 예리하게 분석한다.

"이게 너무 웃기다… 하트 금지 인스타 프로필 삭제 인스스 생전 본적
도 없는 폰트 사용 생로랑이 추구하는 이미지와 완벽하게 안 맞지만
껍데기만은 완벽하게 일치하여 이것저것 금지당하고 패션위크 초청
받은 남자…"
"생로랑 이번 시즌 컬렉션 보고 이해함… 나 같아도 이런 뮤즈 있으면
오로지 그의 얼굴이랑 몸만 보고 하트금지 정하니에유금지 계란후라
이금지 하니해금지 시키고 잡아옴"

이와 관련해 생각해볼 단어가 있다. 사람들이 저마다 추구하는
미의 기준이 확실하다는 것을 보여주는 '추구미'라는 표현이다.
'추구미'라는 신조어가 뜨고 있다. 이 현상에는 자신의 미적 기준
이 뚜렷해지는 것뿐 아니라 다른 이들이 추구하는 미를 발견하려
하고, 브랜드의 추구미를 이해하려는 태도도 엿보인다. 사람들은
브랜드의 추구미를 발견하고, 브랜드가 지키려는 정체성과 가고자
하는 방향성도 인지하고 있다. 따라서 브랜드는 자신의 추구미에
부합하는 모델과 메시지를 통해 이야기를 전달해야 한다.

"디올이랑 구찌 추구미 다른 거 ㄹㅇ 디올 - 단아 그 자체 구찌 - 귀욤
상큼 병아리 하 너무 좋네"
"진짜 킨더살몬… 내 추구미 그잡채야 이런 뉴트럴톤이라고 해야 하
나? 암튼 킨더살몬 FW가 뒤지게 예쁜 건 알고 있었는데 이번엔 SS도
개예뻐ㅠㅠ"

〈'추구미' 언급 추이〉

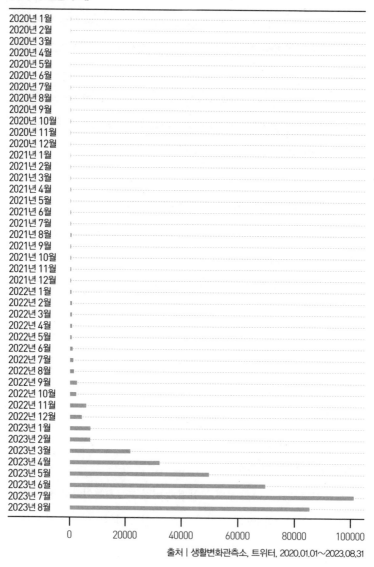

2020년 1월	
2020년 2월	
2020년 3월	
2020년 4월	
2020년 5월	
2020년 6월	
2020년 7월	
2020년 8월	
2020년 9월	
2020년 10월	
2020년 11월	
2020년 12월	
2021년 1월	
2021년 2월	
2021년 3월	
2021년 4월	
2021년 5월	
2021년 6월	
2021년 7월	
2021년 8월	
2021년 9월	
2021년 10월	
2021년 11월	
2021년 12월	
2022년 1월	
2022년 2월	
2022년 3월	
2022년 4월	
2022년 5월	
2022년 6월	
2022년 7월	
2022년 8월	
2022년 9월	
2022년 10월	
2022년 11월	
2022년 12월	
2023년 1월	
2023년 2월	
2023년 3월	
2023년 4월	
2023년 5월	
2023년 6월	
2023년 7월	
2023년 8월	

출처 | 생활변화관측소, 트위터, 2020.01.01~2023.08.31

정체성을 지키기 위해 노력한 생로랑과 정반대로, BMW는 브랜드 이미지를 전환하기 위해 모델을 활용했다. 기존 브랜드 이미지를 깨는 데 모델만큼 효과가 확실한 것이 없다. 다만 그러려면 확실한 반전과 스토리텔링이 뒷받침되어야 한다.

2023년 2월 4주 8위에 진입한 'BMW×김해숙' 사례를 보자. BMW는 배우 김해숙을 모델로 내세운 'born BOLD' 캠페인으로 중년 배우의 전문적 이미지를 전달했다. 이 캠페인으로 BMW는 '양아치차', '카푸어카'라는 부정적 이미지를 없앴다는 좋은 반응과 함께, 중년 여성 모델이라는 신선한 이미지도 획득했다. '우아함과 강렬함. 모든 것은 이미 당신 안에'라는 카피를 내세운 이번 광고 시리즈에는 남성들의 전유물처럼 여겨졌던 수입 자동차 오너의 스테레오 타입을 바꾸려는 시도가 담겨 있다. 김해숙 편으로 BMW의 의도를 파악한 소비자들은 그에 앞서 공개된 방송인 김나영, 피아니스트 임현정, 래퍼 윤미래 편을 찾아보며 브랜드의 전략을 더 깊이 이해했다. 고정관념을 깬 모델, 그리고 우리가 원하는 모습이 투영된 모델, 이것이 BMW가 새로운 모델을 기용한 노림수이고, 멋지게 성공을 거두었다.

"처음으로 사고 싶어졌어요 요즘 Bmw 광고 너무 멋있고 엄청나게 세련돼 보입니다 모델 하나만으로도 이렇게 섹시한 브랜드각인이 되네요"

"남자들의 전용이라 생각한 bmw가 여성 오너 공략을 펼치는군요. 그래도 이미지는 너무나 머스큘러입니다"

그렇다면 브랜드 정체성을 이어가면서 동시에 새로운 이미지를 표현할 수는 없을까? 물론 가능하다. 모델을 통해 이 두 전략을 동시에 펼쳐낸 브랜드도 있다. 지그재그가 좋은 예다. 패션 플랫폼 지그재그에서 새 모델로 유튜버 해쭈, 여행 유튜버 원지, 아이돌 리즈, 가수 백예린, 배우 신예은, 모델 배유진을 기용해 '제가 알아서 살게요'라는 광고 캠페인을 시작했다. 타인의 시선과 목소리에 휘둘리지 않고 내가 좋아하는 것을 사고 내가 원하는 삶을 살겠다는 의미를 담은 캐치프레이즈다. 분야도 다양하고 저마다 스타일이 뚜렷한 이들을 모아 메시지를 전달한 덕에 사람들은 캠페인 내용과 다양한 스타일을 완벽하게 이해할 수 있었다. 스토리마다 모델 각자의 특성과 말투 등 디테일이 고스란히 살아 있어 더 큰 공감을 얻었다.

그 정점을 찍은 것이 배우 윤여정을 모델로 한 2021년의 '니들 맘대로 사세요' 캠페인이다. 나다움과 나만의 스타일을 고수하는 두 번째 캠페인으로, 지그재그의 방향성과 타깃을 완벽하게 이해시켰다는 좋은 반응을 얻었다.

"와 되게 대한민국 여자 스타일링 별로 다 잘 뽑은 것 같아 ㅋㅋㅌㅋ ㅋㅋㅋㅋㅋ 뭔가 저들과 어울리는 스타일링 중에 내 스타일 하나쯤은 있겠지… 느낌"

"지그재그 이번 캠페인 광고 진짜 맘에 든다 제가 알아서 살게요 이 중의적인 뜻도 좋고 외모 체형 스타일 다 다양한 사람들이 광고하니까 더 좋아 특히 자기 분야에서 당당하게 잘 해나가고 있는 여성들이라 더더 좋 ㅠㅠ 머리 잘쓴다"

"난 이번 지그재그 광고 마케팅팀이 진짜 이 갈았구나 느꼈고 다시금 배우기도 했음 의외로 사람들은 타인의 비방을 쉽게 하고 쉽게 잊고 그런 프레임으로 사람을 정해버림 그걸 무시하고 어쩌라고라는 마인드로 살고 지그재그라는 쇼핑앱 특성을 살려서 내가 뭘 입든 내 자유야 라는 느낌이 너무 좋음"

　잘 만들어진 광고는 다양한 의미로 해석되기도 한다. 이때 중심을 잡아주는 것이 브랜드의 확실한 방향성이다. 럭셔리 브랜드든 아니든 브랜드가 추구하는 방향과 이미지는 명확해야 한다. 그것을 모델에 적용시킬 때 우리 브랜드를 대변해줄 완벽한 페르소나가 나올 수 있다. 브랜드 이미지에 맞는 모델을 선정하는 것에 그치지 않고 모델에게 우리 브랜드의 이미지를 입히려는 노력을 게을리하지 말자. 외적인 모습만이 우리 브랜드를 대표하는 것이 아니라 모델의 행동, 커리어, 가치관까지 우리 브랜드를 이야기할 수 있어야 한다. 그래야 사람들이 계속해서 모델과 브랜드의 의도와 방향성을 발견하고 다양하게 해석하며 브랜드를 알아가려 할 것이다.

모델은 떠나도 팬덤은 남아야 한다

이 여정의 종착지는 모델의 팬덤을 브랜드의 팬덤으로 만드는 것이다. 그 방법은 하나, 팬덤을 완벽히 이해하고 소통하는 것이다.

많은 브랜드가 소비자들과 직접 소통하고자 트위터 계정을 만든다. 인스타그램이 사진을 기반으로 브랜드의 룩과 스타일을 보여주는 곳이라면 트위터는 다양성을 존중하고 리얼한 소통을 기반으로 하는 채널이다. 브랜드들도 이 특성을 십분 반영해 트위터 계정을 만들고, 타깃을 설정해 소통하고 있다. 가장 흔한 방법은 모델의 팬덤과 소통하며 점차 브랜드의 팬덤으로 확장해가는 것이다.

올리브영은 올영세일 기간이면 으레 생활변화관측소에 포착되던 단골 키워드였다. 그러다 요 몇 년 동안 '올영세일'의 언급량이 점차 줄어들었는데, 이례적으로 다시 화제성을 불러일으킨 순간이 있었다. 2023년 5월 5주에 '바이오더마×산민수템공유'가 이슈가 되었던 것. 이는 브랜드의 소통 능력을 보여주는 모범사례이기도 하다.

올리브영은 올리브영을 언급한 모든 연예인들에게 반응한다. 에이티즈의 산이 팬들과의 라이브 방송에서 올리브영에서 뷰티 제품을 산다고 했을 때도 올리브영은 놓치지 않고 이를 인용하여 알렸다. 올리브영은 유명인의 멘션을 인용하며 꾸준히 사람들을 유입시키고, 이후 그들과 직접 소통하며 올리브영의 팬으로 끌어들인다.

올리브영에 궁금한 점을 남기는 리퀘박스를 운영하고, 올리브영의 고정 멘트를 사용하고, 트친들을 '올갱이'라 부르며 친근하게 대한다. 에이티즈 산의 멘트를 인용할 때에도 팬덤명인 에이티니를 어필하며 이야기했다.

모델의 팬덤과 이야기하려면 그들의 언어를 배워야 한다. 다양성이 존중되는 트위터는 모든 서브컬처가 존재하는 공간이며, 서브컬처마다 공유하는 언어와 상징이 있다. 팬덤만이 알 수 있는 노래, 밈 등 다양한 포인트를 이해하고 활용해야 한다. 그래야 브랜드가 아니라 나와 같은 팬덤이라는 공감대를 형성할 수 있다. 한마디로 브랜드라는 '사람'이 되어 팬으로서 소통하는 것이다.

팬으로서 브랜드가 할 수 있는 이야기를 생각해보자. 모델 선정 이유를 시시콜콜 들려주는 것도 공감의 시작이 될 수 있다. 모델의 어떤 부분이 우리 브랜드의 방향성과 일치했는지, 앞으로 모델과 어떤 스토리를 펼쳐갈 것인지 말하는 것도 팬덤으로서는 감동받는 포인트다. 제품과 광고 콘텐츠가 나오기까지 기획 과정이 어떠했는지, 브랜드 모델은 어떤 분위기에서 어떤 모습으로 촬영했는지 등 연출된 장면 너머의 바하인드를 알려주어 팬들의 덕심을 자극할 수도 있다. 이에 반응하는 팬덤의 '주접'은 단어 뜻 그대로 추한 행위가 아니라 팬덤이 말하는 고유의 방식이다. 이들의 언어와 표현방식을 익혀 브랜드도 팬이라는 것을 이격감 없이 인지시켜야 한다. 올리브영을 필두로 최근에 많은 브랜드가 트위터 계정에 유행하는 밈을 사용하고, 모델의 팬덤처럼 '주접' 멘트를 쏟아내며

웨이크메이크 트위터 멘션 (출처 | 웨이크메이크 트위터 계정)

소통하고 있다. 이에 반응하는 팬들에게도 곧바로 응답한다. 작은 언급에도 반응할 때 사람들은 브랜드와 함께하고 브랜드 활동에 참여한다는 효능감을 느끼고, 소통이 재미있어진다.

팬덤에는 다양한 사람들이 모이지만 '최애'를 사랑하는 마음으로 나이, 성별, 직업에 상관없이 하나가 된다. 서브컬처를 기반으로 하는 트위터는 누구나 친구가 될 수 있다. 모델에 대한 사랑을 기반으로 하여 팬덤과 친구가 되자.

소통은 오늘날 젊은 세대에 특히 중요한 역량이다. 모델은 브랜드의 얼굴이자 소통의 시작점이다. 잘 갖춰진 모델의 이미지도 중요하지만, 이제는 모델을 통해 우리 브랜드의 스토리를 팬덤과 대중에게 직접 이야기할 차례다. 팬덤에게 먼저 다가가 우리 브랜드와 함께하게 만들자. 이를 위해 다음의 3가지를 기억하자.

첫째, 진정성 있는 모델 선정이다. 모델의 인기도보다 브랜드와의 스토리가 중요하다. 우리 브랜드와 관계가 있어야 하며, 이러한 내용을 콘텐츠로 풀어낼 수 있어야 한다. 서사를 말해주는 사람들의 의견을 듣고 반응해야 한다. 나아가 브랜드가 적극적으로 모델의 스토리를 끄집어내야 한다.

둘째, 브랜드와 모델이라는 비즈니스 관계를 넘어 모델의 진짜 팬이 되어야 한다. 팬덤을 브랜드의 팬으로 만들려면 내가 먼저 팬이 되어 팬덤의 입장에서 모델을 바라봐야 한다. 모델에 대한 정보 수집, 기념일 챙기기, 직접 소통하기 등 팬덤이 하는 일을 브랜드가 해보는 것이다. 그 과정에서 모델과 친해지는 것은 물론이고 팬덤과도 하나가 될 것이다.

셋째, 우리 브랜드의 추구미가 있어야 한다. 모델을 통해 브랜드를 표현하려면 일단 말하려는 바가 명확해야 한다. 브랜드의 방향성과 정체성이 뚜렷하면 사람들은 그것을 발견하고, 끄집어낼 것이다. 명확한 방향성으로 모델과 콘텐츠를 이끌어가자.

모델은 언젠가 떠나기 마련이다. 하지만 이 3가지를 지킨다면 모델은 떠나도 팬덤은 여전히 남을 것이다. 공감과 감동을 기반으로 한 관계는 쉽사리 멀어질 수 없다.

1. 모두가 마케터다.
사람들에게 서사와 진정성을 보여주자.

사람들은 모델 선정에 관심을 갖고, 직접 추천하기도 한다. 사람들이 우리 브랜드에 대해 말하는 것을 캐치하고, 우리 브랜드에 진심을 보여주는 모델과 함께해야 한다.

---

2. 모델을 통해 우리 브랜드를 확장하자.

모델을 기반으로 사람들과 소통하고, 다른 브랜드와 관계 맺기를 시작하자. 모델은 우리의 얼굴이다. 모델이라는 공통점을 기반으로 팬덤 및 타 브랜드와 하나가 될 시점이다.

---

3. 우리 브랜드는 팬덤과 함께하는가?

모델의 팬덤이 우리의 팬덤이 되기를 바란다면 존중으로는 부족하다. 함께한다는 연대의식과 공감이 필요하다. 팬덤의 언어를 배우고, 팬덤의 문화를 체득하자.

PART 3

知

가치의 변화

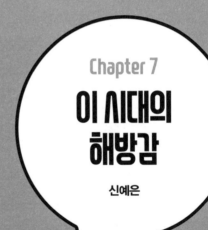

Chapter 7

이 시대의
해방감

신예은

제로와 프리의 시대

"제로 있나요?" 식당에 가면 자주 듣는 말이다. 이와 유사한 표현인 '프리'는 어떠한가. '글루텐프리'를 강조하는 케이크와 빵집이 넘쳐난다. 같은 빵을 사더라도 '글루텐프리'가 붙은 빵을 구매하고, 콜라도 굳이 '제로콜라'를 마시는 모습이 낯설게 느껴지지는 않을 것이다. 이왕 먹는 거 제로콜라, 글루텐프리 빵을 먹는 것이 현대인의 일상이다. 당신은 일반 콜라를 주문하는 사람인가, 제로콜라를 주문하는 사람인가?

'제로'와 '프리'는 이 시대의 언어라 할 수 있다. 언어는 욕구를 담은 그릇이다. 사람들은 무엇을 '무(無)'의 상태로 만들고 싶으며, 어떤 것으로부터 '자유'로워지고 싶은 걸까.

먹는다는 행위에서 '몸에 좋지 않은 성분은 (대체제도 싫고) 제거한 채로 먹겠다'는 데 많은 이들이 호응했기에 지금 '제로○○', '○○프리' 시장이 이만큼이나 성장할 수 있었다. 소셜상에도 2021년을 기점으로 일반 콜라보다 제로콜라 언급량이 더 많아지기 시

〈'제로콜라' vs. '코카콜라' 언급 추이〉

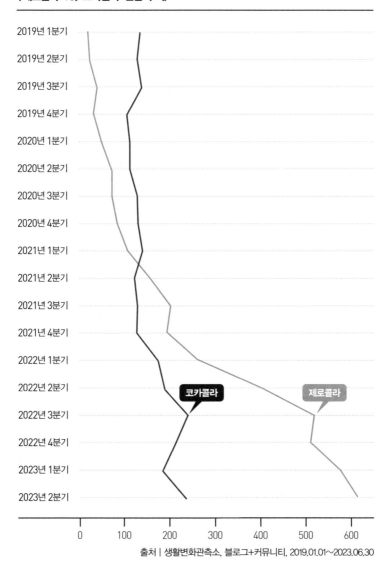

코카콜라

제로콜라

2019년 1분기
2019년 2분기
2019년 3분기
2019년 4분기
2020년 1분기
2020년 2분기
2020년 3분기
2020년 4분기
2021년 1분기
2021년 2분기
2021년 3분기
2021년 4분기
2022년 1분기
2022년 2분기
2022년 3분기
2022년 4분기
2023년 1분기
2023년 2분기

0   100   200   300   400   500   600

출처 | 생활변화관측소, 블로그+커뮤니티, 2019.01.01~2023.06.30

이 시대의 해방감

제로는 성분의 '제거',
프로틴은 성분의 '추가'라는 차이가 있지만
둘 다 사람들의 욕망을
제한하는 것이 아니라 허용한다는 점에서
사람들의 선택을 받는다.

작했다. '제로'를 수식어를 달고 나온 제품들이 점점 많아지고 있다. 프로틴 시장도 비슷하다. 탄수화물은 죄악시되고 단백질만이 추앙받는 다이어트의 시대에는 '프로틴'이라는 수식어가 붙은 제품을 굳이 선택하게 된다. 심지어 식사가 아닌 간식이라 여겨지는 요거트와 초코볼도 프로틴 제품이 나온다.

먹어도 살은 안 찌고 싶고, 닭가슴살 말고 맛있는 걸로 단백질을 채우고 싶은 욕망은 누구나 있을 것이다. '제로'는 성분의 '제거', '프로틴'은 성분의 '추가'라는 차이가 있지만 둘 다 사람들의 욕망을 제한하는 것이 아니라 허용한다는 점에서 사람들의 선택을 받는다.

실제로 제로 시장은 다양한 영역에서 나타나는데 주로 식(食), 그중에서도 음료나 디저트와 같은 사치식에서 많이 보인다. 그외에 '제로웨이스트', '제로플라스틱' 등 환경에 관련된 키워드도 나타나고 있다.

식의 영역에서 재미있는 점은 '제로카카오케이크', '제로미니바이트' 등의 제로슈거나 제로칼로리 제품들을 언급하는 것만이 아니라 '제로떡볶이', '제로치킨'처럼 아직 세상에 없는 위시리스트도 눈에 띈다는 것이다. 말하자면 '맛있게 먹고 0칼로리'라는 욕망이 반영된 표현으로, '제로'라는 단어 하나 붙는 것만으로 내 욕구가 허용되는 느낌이 든다. 일례로 제로소주는 당류가 없다는 점에서 소주 애호가들의 환호를 받았지만, 사실 일반 소주에도 당류는 이미 0%였다는 웃픈 이야기가 있다. 그만큼 제품명에 '제로' 키워

〈'제로ㅇㅇ'〉

제로펩시제로 제로밀키스
제로칼로리곤약젤리 제로맥주 제로환타
제로칼로리음료
제로젤리 제로카카오케이크 제로소주 제로밀크소프트콘
제로칼로리이온음료 제로라임
제로슈가 제로복숭아망고그린티 제로분말 제로레몬
제로베이커리 제로미니바이트 제로콜라 제로아이스티
제로웨이스트샵 제로크림빵 제로슈거 제로복숭아맛 제로모나카
제로떡볶이 제로쿠키
제로슈가커피
제로펩시 제로소다 제로탄산
제로자몽 제로진로 제로후루츠젤리
제로음료수 제로음료 제로라임맛
제로찌개 제로키친 제로블루라임 제로망고 제로퓨린노알콜맥주
제로슈거소주 제로칼로리음료수 제로스파클링 제로펩시라임
제로사이다 제로웨이스트
제로탄산음료
제로게임 제로칼로리
제로콜라라임

출처 | 생활변화관측소, 블로그+트위터+커뮤니티, 2019.01.01～2023.08.31

7장

드가 붙느냐 아니냐가 사람들의 구매의사결정에 미치는 영향력이 크다.

제로 키워드로 알 수 있는 것은 먹는 행위에 동반되는 사람들의 욕망이다. 먹고는 싶지만 살찌고 싶지 않은 욕망, 단맛은 즐기고 싶지만 건강하고 싶은 욕망. 이 모순된 욕망을 '비움'으로써 채우는 것이다.

'제로'가 식(食)의 영역에서 사람들의 욕망을 보여주었다면, '프리'는 더 다양한 영역에서 벗어나고자 하는 욕구를 보여준다. 영어식 표현인 '-free'는 단어 뒤에 붙어 '없다', '아니다' 혹은 '벗어나다'라는 의미를 만드는 접미사다. 그리고 'free'라는 단어 그대로 어떠한 것으로부터 '자유롭다'는 의미로도 쓰인다. 의미가 세부적으로 나뉘는 만큼 식(食)의 영역에서 주로 이야기되던 제로에 비해 프리는 더 다양한 영역에서 쓰인다. 예전부터 흔히 쓰이던 '글루텐프리', '락토프리', '콜키지프리' 외에도 '젠더프리', '핸즈프리' 등 여러 영역에서 벗어나고자 하는 움직임이 엿보인다.

사람들은 무엇에서 벗어나고자 하는가? '프리' 키워드로 유추할 수 있는 영역은 크게 가치관과 건강 그리고 기능/편의다. 먼저 가치관의 영역에는 '젠더프리', '플라스틱프리' 등의 키워드가 있다. 건강의 영역에는 '글루텐프리', '락토프리' 등이 있으며, 기능/편의 영역에는 '링클프리'와 같은 키워드가 눈에 띈다.

온갖 '-프리' 중에서 건강 영역의 비중이 절반을 넘는데, 건강식

〈'○○프리' 연관어 순위 및 카테고리별 비중〉

	연관어		연관어
1	글루텐프리	11	라벨프리
2	락토프리	12	도비이즈프리
3	젠더프리	13	크루얼티프리
4	콜키지프리	14	파데프리
5	핸즈프리	15	알러지프리
6	그레인프리	16	플리커프리
7	오일프리	17	링클프리
8	플라스틱프리	18	코드프리
9	저작권프리	19	알코올프리
10	사이즈프리	20	베리어프리

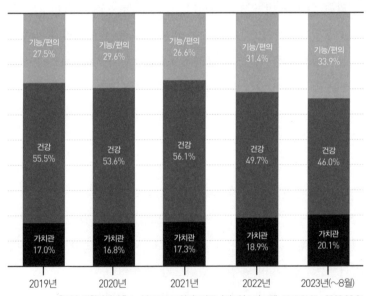

출처 | 생활변화관측소, 블로그+트위터+커뮤니티+인스타그램, 2019.01.01~2023.08.31

키워드가 특히 많다. 그런가 하면 기능/편의에서는 생활의 실질적인 니즈가 반영되어 있다. 예컨대 구겨지지 않아 다림질할 필요가 없는 소재인 '링클프리'에서 우리는 가사노동에서 벗어나고자 하는 욕구를 읽을 수 있다. '핸즈프리'에는 내 손을 직접 쓰지 않고 음성인식 등의 기술로 노동을 대체하고자 하는 욕구가 나타난다. 가치관의 영역은 전체 비중은 가장 작지만, 계속 증가하고 있다는 점에서 주목할 만하다. 여기에서는 기존의 관념이나 편견에서 벗어나고자 하는 의지가 보이는데, 이에 대해서는 뒤에서 더 자세히 다루고자 한다.

이처럼 '제로'와 '프리' 키워드에서 기본적으로 나타나는 것은 벗어나고자 하는 욕망이다. 이들 키워드의 시장 가능성을 가늠하는 게 이 장의 주제는 아니다. 그보다는 이 키워드로 대표되는 이 시대의 감성에 집중하고자 한다. '제로'와 '프리'는 어떤 의미를 내포하는가? 사람들은 여기서 어떤 감성을 취하는가?

제로 : 죄책감과 완벽에 대한 반항

건강보다 기분을 위한 소비

사실 칼로리와 당은 사람이 살아가는 데 반드시 있어야 하는 필수성분이다. 하지만 사회와 경험이 점점 풍요해짐에 따라 현대인의 식습관도 적정함보다는 과도함에 가까워졌다. 과도한 선택지 속에 자신의 욕구를 절제해야 하는 삶을 살아가는 것이다. 이러한 시대 흐름에 때맞춰 나타난 '제로'와 '프리'는 억압이 아닌 대체라는 측면에서 사람들에게 매력적인 선택지가 된다. '제로'와 '프리'는 무엇을 허용하게 해주고, 사람들에게 선택된 구체적 이유는 무엇일까? 먹어도 살이 덜 쪄서? 건강상 당류를 제한해야 하기 때문에?

소비자들의 심리는 그리 단순하지 않다. 그들의 복잡다단한 의도는 그들의 언어에 나타난다.

"제로콜라 중독이네요 ㅎ 뭔가 입안이 깔끔해지는 기분이라서 자주 먹어요 ㅎㅎ 이것도 너무 자주 마시면 안 좋겠지만 ㅠ 그냥 콜라는 너무 부담되니 이거라도 ㅎㅎ"
"떡집 들러서 시루떡 작은 거 하나 구입. 여름이 오고 있으니 큰 시루떡 노노, 양심상 작은 거. ㅋ 제로콜라 먹는 거랑 비슷함(무슨 의미인지 ㅋㅋ)"

제로를 소비하는 사람들의 심리는 단순히 건강을 위해서라기보다는 정서적 위안에 가깝다. 실제로 사람들이 말하는 내용을 보더라도 제로를 찾는 목적이 건강보다 감성에 있음을 알 수 있다. 제로콜라를 마시는 목적은 건강해지기 위해서가 아니라 부담 없이 입안이 깔끔해지는 '기분'을 위해서다. 그리고 이는 좋아하는 것을 먹되 양을 줄이는 것과 비슷하다. 기분 좋아지는 소비를 하되, 양심을 챙기는 창구는 열려 있어야 한다. 즉 약간의 포기만으로 기분전환을 가능하게 해주는 것이 오늘날 사람들이 인지하는 '제로'의 역할인 것이다.

제로웨이스트, 극단적 소비제한에서 일상적 시도로

식에서의 '제로'와 달리 환경의 '제로'는 제로화하는 비움의 정도가 더 중요하다. 최근 들어서는 '얼마만큼 비우는 것이 맞는가'에 대한 담론이 변화하는 모습이 관측된다.

대중이 처음으로 제로웨이스트라는 개념을 접했을 때는 극단적인 형태 및 방식이 요구되었다. 그때만 해도 지금처럼 종이빨대, 종이포장재 등이 대중화되기 전이었다. 대체안이 없는 상황에서 사람들은 아예 쓰지 않음으로써 제로웨이스트를 실천하곤 했다. 텀블러 들고 다니는 건 기본이고 빨대 절대 쓰지 않기, 봉투 절대 받지 않기 등 환경을 위해 아예 소비를 제한하는 것이 답이라 여겼다. 그럴수록 제로웨이스트를 일상적으로 지키기는 오히려 어려웠다. 또한 제로웨이스트의 기준과 허들이 높아, 그저 쓰레기를 줄이고 아끼는 수준은 감히 제로웨이스트라 말하기도 민망했다.

"감히 제로웨이스트는 못하나 쓰레기도 제법 줄이고, 올수리를 과감히 포기하고 노수리로 이사를 하고, 물건을 거의 사지 않으니 사놓고 후회하는 물건도 없어서 좋다. 돈을 아끼는 건 당연지사"

하지만 지금은 많은 이들이 일상적으로 한결 쉽게 제로웨이스트의 삶을 실천한다. 제로웨이스트를 실천할 여건이 나아진 덕에 우리 스스로 대단한 무언가를 하지 않아도 자연스럽게 이미 제로웨이스트의 삶을 살게 된 부분이 있다. 편의점에서는 물건을 사도 비닐봉투를 그냥 주지 않고, 스타벅스에는 종이빨대만 있다. 이외에도 제품 포장재를 줄이는 등 소비 환경이 예전보다 개선되었다.

"확실히 기업들이 환경도 많이 생각해가는 듯해요 요즘 뭐든 쇼핑하려고 보면 제로웨이스트, 친환경, 자연친화, 뭐 이런 게 되게 많네요 소비자 눈치 보는 거일지라도 이렇게 조금씩 바뀌어가는 거 보기 좋아요~ 저도 할 수 있는 선에서 최대한 지구를 생각해보려고 노력 중이긴 해요 얼마전부터 샴푸바로 바꾸기도 했구요, 최대한 플라스틱 일회용품 안 쓰려고 노력도 하고요ㅎㅎ 오늘 프로폴리스 영양제 사려고 보는데 지구를 건강하게, 식물성 캡슐 약간 요런 문구에 또 혹했네요ㅋㅋ 결국 안국건강 꺼 프로폴리스 샀어요ㅋㅋ 문구 때문에 혹한 건 아니지만 그래도 뭔가 가산점은 붙긴 했어요ㅋㅋ"

기업의 변화와 함께 소비자들의 인식도 달라졌다. 남들이 세운 기준보다는 본인이 세운 기준에 따라 어디까지 지킬지, 무엇을 남길지 정하고 제로웨이스트를 실천한다. 일상적으로 지켜야 할 것은 지키되 각자의 상황과 수준에 맞게 천천히 실천하고, 설령 완벽하지 않아도 된다는 인식이 자리잡고 있다.

프리 : 관념의 무(無) 경계화

노동하는 나, 프리랜서에서 프리워커로

"Dobby is free!" 지금 이 책을 읽고 있는 많은 직장인들이 외치고 싶은 말인지도 모르겠다. 영화 〈해리포터〉 시리즈에 나왔던 집 요정 도비가 해리 덕에 노예계약에서 벗어나자 외친 말이다. 이후 밈으로 다양한 상황에서 쓰이고 있지만, 주로 퇴사나 일을 그만둔 후 직장의 노예에서 벗어났다는 자유의 표현으로 쓰인다.

누군가에게 직장은 벗어나고 싶기만 한 공간일 수 있다. 취업포털 잡코리아 조사에 따르면, 20대 직장인 퇴사 사유 1위가 일이 적성에 맞지 않아서다.[1] 이 시대의 젊은이들은 자신이 어떤 직장이나 조직에 속하는지보다 어떤 일을 하는 사람인지를 더 중시하는 모습을 보인다.

퇴사한 직장인들은 새로운 직장을 찾아 떠나기도 하지만, 자신만의 업을 찾아 '프리워커'가 되기도 한다. 사실 프리워커의 개념은 기존의 '프리랜서'와 크게 다르지 않다. '프리랜서'가 회사 등의 조직에 소속되지 않은 채 독립적으로 일하는 사람이라면, '프리워커'는 직장에 소속됐는지 유무와 관계없이 자기만의 일을 독자적으로 하는 사람을 뜻한다.

자기 일을 한다는 면에서 일견 프리랜서와 큰 차이가 없지만, 일 자체에 대한 태도와 일하는 자신을 바라보는 시각은 사뭇 다르다.

---

1) 잡코리아, "직장인 퇴사 이유 30대 이상 '연봉 때문에', 20대는?", 2022/06/27.

프리랜서가 별다른 제약 없이 여러 클라이언트와 일하며 계약이 자유롭다면, 프리워커는 퇴사하지 않고 직장생활을 영위하면서도 사이드 프로젝트나 다른 일을 병행할 수 있다. 물론 일하는 공간이나 시간에도 구애받지 않는다. 즉 프리워커는 '내 일'에 포커스를 맞춘 개념으로, 타인이나 회사를 위해 일하는 것과는 상당히 차이가 있다. 시간과 공간의 제약에서 벗어나기 시작한 직장인에서 한발 더 나아가 고용관계에도 얽매이지 않는 노동자인 것이다. 이러한 속성상 시간, 장소 제약 없이 인터넷과 기기만 있다면 어디서든 일할 수 있는 디지털 노마드와 떨어질 수 없는 개념이기도 하다.

같은 직장에서 같은 일을 하더라도 스스로를 '워커'로만 인식하는 사람과 '프리워커'로 인식하는 사람의 마음가짐은 다를 수밖에 없다. 구체적인 사례로, 최근 야쿠르트 배달직인 프레시매니저를 지원하는 20대가 많아지고 있다.[2] 실제 수치로 살펴봐도 2018년에 비해 2022년에 20대 배달원이 2.4배나 늘었다고 한다. 상대적으로 높은 연령층의 일로 여겨졌던 야쿠르트 배달직에 젊은 사람들이 뛰어든 이유는 겸업이 유리하기 때문이다. 이들이 바로 프리워커들이다. 직장에 묶인 '도비'의 상태를 벗어나 정말 하고 싶은 일을 위해 '프리워커'가 된 이들은 스스로를 직장과 돈에 구속시키지 않는다. 이들이 가장 중시하는 것은 하고 싶은 일을 위해 시간을 확보할 수 있는 구조다. 그것을 확보했다면 직장에 속했는지에 관계없이 스스로를 더이상 '도비'로 보지 않는다.

---

2) SBS뉴스, "앳된 얼굴로 야쿠르트 배달, 정수기 점검… 20대 달라졌다", 2023/06/26.

같은 직장에서 같은 일을 하더라도
스스로를 '워커'로만 인식하는 사람과
'프리워커'로 인식하는 사람의 마음가짐은
다를 수밖에 없다.

젠더 인식의 변화, 유니섹스부터 젠더프리까지

'젠더프리(gender free)'라는 말을 들어본 적 있는가? 말 그대로 성별에 제약을 두지 않는 것이다. 한국에서는 예술계에 먼저 도입되며 사람들에게 인지되기 시작했다. 젠더프리 공연은 배우들이 성별에 상관없이 배역을 맡아 연기한다. 패션 매거진 〈마리끌레르〉는 여성 배우가 명작의 남성 배역을 독백으로 연기하는 젠더프리 콘텐츠를 2018년부터 꾸준히 만들고 있다.

이처럼 주로 예술작품에서 사용되던 젠더프리 키워드가 최근 들어 다양한 영역으로 확장되고 있다.

> "사장님이 자유분방한 동물사랑러인 덕분에 가족과 함께 방문한 산책냥이와 인사도 할 수 있고, 젠더프리 화장실도 내부에 있는, 애정하는 공간!"
> "묵직한 우디향과 파우더리한 쟈스민, 오르페옹 아 이거 너무 파리의 향이다. 남녀 누구나 좋아할 젠더프리. 줌으로 시향도 하고 보내주신 칵테일 키트로 축하도 하고 딥티크 디지털 런칭에 함께했던 특별한 경험."

성별 구분 없이 사용할 수 있어 젠더프리의 공간이 되기도 하고, 성별 구분 없이 모두가 좋아할 만하다는 의미로 젠더프리가 사용되기도 한다. 생각해보면 예전에는 '남녀공용'이나 '유니섹스'라는 단어를 썼는데, 젠더프리와 유니섹스는 어떤 차이가 있을까?

〈'젠더○○' 연관어 언급 추이〉

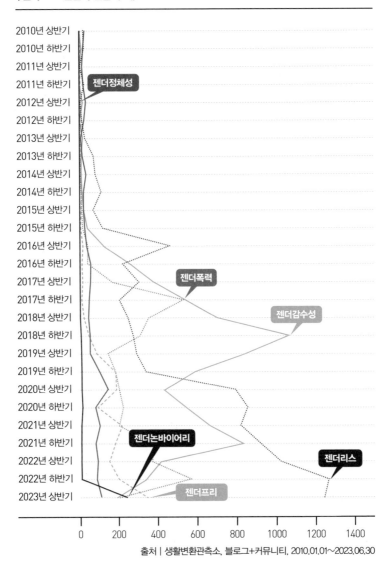

출처 | 생활변환관측소, 블로그+커뮤니티, 2010.01.01~2023.06.30

'유니섹스'가 남녀겸용, 모두 포괄할 수 있는, 똑같은 것을 이용할 수 있는 것이라면, '젠더프리'는 '젠더리스'에 좀 더 가깝다. 즉 경계와 구분을 없앤 것이다. 통념상 여성의 것이 남성에게, 남성의 것이 여성에게, 그 외의 성도 마찬가지로 구분 없이 적용된다.

2012년 젠더정체성 담론을 시작으로 2017년 젠더폭력, 2018년 젠더감수성, 2022년 젠더리스, 그리고 지금 젠더프리와 젠더논바이너리의 상승까지, 한국에서 젠더 담론은 시대마다 변화를 거듭하며 더 세분화되어 왔다. 현재 젠더○○으로 발화되는 키워드는 이 밖에도 '젠더의식', '젠더타입', '젠터스펙트럼', '젠더뉴트럴', '젠더정치', '젠더플럭스(Genderflux)', '젠더플루이드(Genderfluid)' 등 20여 가지에 이른다.

먼저 2012년은 각종 미디어에 트랜스젠더 유명인들이 소개되면서 다양한 '성정체성'에 대한 대중적 인지가 커졌다. 이후 2017년에는 스토킹, 몰카 등 각종 혐오범죄가 사회 이슈가 되면서 '젠더폭력'에 대한 담론이 커졌다. 그러다 2018년에는 미투운동과 함께 기업과 마케팅 측면에서 '젠더감수성'이 주요하게 다루어졌다. 그리고 최근에는 패션 트렌드로 시작된 '젠더리스'가 일상의 다양한 분야에 적용되며 2023년에는 '젠더프리'와 '젠더논바이너리'에 대한 담론으로 이어지고 있다.

이러한 젠더 담론의 변화 과정은 크게 4단계로 나눌 수 있다. 첫째는 탐색의 과정이고 둘째, 억압에 대한 저항이다. 셋째, 재개념화 과정을 거쳐 넷째, 무(無) 경계화에 이르렀다. 성정체성에 대한 탐

색이 이뤄진 뒤, 수직적 권력관계에 의한 폭력에 대항했다. 이후 좀 더 섬세해진 감수성으로 일상의 잘못된 관행과 관념들을 바로잡기 시작했다. 그리고 지금은 뿌리 깊은 경계와 구분을 신경쓰지 않고 자유로워지기 위해 노력하고 있다. 물론 이 모든 과정을 거쳤다 해서 지금 완벽한 사회가 되었다는 뜻은 아니다. 다만 우리가 어떠한 과정을 거쳐왔는지, 갈등 없이 자유로워지고 싶어 하는 사람들의 생각의 흐름을 살펴봄으로써 사회 변화 과정을 인지하는 것은 중요하다.

프리랜서에서 프리워커로의 변화, 유니섹스에서 젠더프리로의 변화 모두 개념 자체가 극명하게 달라진 것은 아니다. 그보다는 기존 관념의 구분 짓기와 경계에서 벗어나, 그것을 바라보는 시각이 달라진 것이다. 타자화되지 않고 더 주체적으로, 그리고 본질인 '일'과 '젠더' 속 자신을 바라보려는 시각의 차이가 지금의 새로운 가치관을 형성했다고 할 수 있지 않을까.

Make zero, and be free

사람들은 누구나 안정감을 원한다. 하지만 저마다 느끼는 불안, 죄책감, 피로와 같은 것들이 우리의 평안을 방해한다. 답이 없는 삶의 고민들을 해결하고자 노력하던 사람들이 이제는 '해방'을 찾는다. 그 의지가 '제로'와 '프리'라는 언어로 나타나는 것은 아닐까.

〈'○○감' 순위〉

	2019년		2020년		2021년		2022년		2023년(~8월)
1	자신감	1	자신감	1	자신감	1	자신감	1	자신감
2	자존감	2	자존감	2	자존감	2	자존감	2	자존감
3	기대감	3	기대감	3	죄책감	3	기대감	3	기대감
4	거부감	4	거부감	4	기대감	4	안정감	4	안정감
5	죄책감	5	죄책감	5	안정감	5	죄책감	5	만족감
6	안정감	6	안정감	6	거부감	6	거부감	6	거부감
7	불안감	7	불안감	7	불안감	7	불안감	7	불안감
8	만족감	8	만족감	8	만족감	8	만족감	8	죄책감
9	책임감	9	책임감	9	책임감	9	피로감	9	피로감
10	부담감	10	우울감	10	피로감	10	책임감	10	성취감
11	긴장감	11	피로감	11	성취감	11	성취감	11	책임감
12	피로감	12	성취감	12	우울감	12	긴장감	12	부담감
13	성취감	13	부담감	13	부담감	13	부담감	13	긴장감
14	존재감	14	긴장감	14	긴장감	14	우울감	14	우울감
	...		...		...		...		...
34	친근감	34	유대감	34	현실감	34	해방감	34	해방감
35	친밀감	35	현실감	35	유대감	35	사명감	35	사명감
36	유대감	36	친밀감	36	사명감	36	현실감	36	소외감
37	위화감	37	친근감	37	친근감	37	소외감	37	현실감
38	무력감	38	위화감	38	괴리감	38	소속감	38	소속감
39	동질감	39	해방감	39	해방감	39	동질감	39	동질감
40	해방감	40	괴리감	40	동질감	40	친근감	40	친근감

출처 | 생활변화관측소, 블로그+커뮤니티, 2019.01.01~2023.08.31

'제로'와 '프리'로 유추할 수 있는 이 시대 사람들의 해방 욕구는 크게 '완벽주의가 주는 죄책감'과 사회 통념이 만든 '구분 짓기에 따른 피로감'으로부터 벗어나는 것이다. '완벽주의가 주는 죄책감'에는 살찌는 음식, 건강에 해로운 음식을 먹는다는 죄책감, 그리고 제로웨이스트의 빡빡한 기준에 부합하는 삶인지 자신할 수 없는 불확신이 있었다. '구분 짓기에 따른 피로감'에는 내가 아닌 회사를 위해 일한다는 구속감과 기존의 편견들로 만들어진 젠더박스가 있었다.

제로와 프리가 중요한 가치로 자리잡은 과정을 살펴보면 해방의 조건을 알 수 있다. '억압 → 배제 및 제거 → 가치관의 변화'로 이어지는 과정은 곧 해방의 조건이기도 하다. 첫 번째 조건, 삶에서 '덜어냄'으로써 신체와 정신적 자유를 획득한다. 두 번째 조건, 기존의 관념을 재인식한다. 이 과정은 이분법적으로 대치되던 관념들 사이의 경계를 흐리는 형태로 나타난다.

해방되고 싶은 것이 부지기수겠지만, 사실 사람들이 가장 원하는 것은 어쩌면 자기 자신으로부터의 해방일 것이다. 2022년 많은 공감을 얻은 드라마 〈나의 해방일지〉에서 해방클럽 멤버들은 각자 노트를 만들고 해방되고 싶은 것들을 적는다. 싱글대디인 태훈은 '약하다는 느낌'에서, 지루한 삶에 회의감을 느끼는 미정은 '정말로 좋아하는 사람이 없는 자신의 상태'에서 벗어나고 싶어 한다. 부장인 상민은 나만의 템포를 갖기 위해 '시간적 강박'을 벗어던지려 하고, 행복지원센터 팀장인 향기는 '행복한 척하는 자신의 모

타인과 스스로에게
수많은 수행 및 성취가 요구되는 오늘날,
과도한 '죄책감'이나 '책임감' 그리고
'피로감'을 덜어내는 것은
그 자체로 자기자비의 행동이다.

습'에서 해방되고자 한다. 제로나 프리처럼 자기 자신이 아닌 외부에서 찾는 해방감은 한계가 있다. 결국은 자기해방이 필요한데, 이때 앞서 살펴본 해방의 조건 '덜어냄'과 '재관념화'가 도움을 줄 수 있을 것이다.

　'자기자비(self-compassion)'라는 정신의학 용어가 있다. 불교의 '자비(慈悲)'를 자신에 대한 자비로 좁혀 심리학적으로 재해석한 개념으로,[3] 자신의 고통을 피하거나 자신을 비난하지 않음으로써 고통을 경감하고, 자신에게 친절함으로써 스스로를 치유하려는 소망을 일으키는 것이다. 인간은 외부 현실 그 자체보다 외부 현실에 부여한 의미와 해석 때문에 고통받는다고 한다. 따라서 '자기자비' 등 자신에게 친절한 태도를 취하면서 자신을 이해하고자 노력하는 태도는 해방을 위해 필수적이다. 타인과 스스로에게 수많은 수행 및 성취가 요구되는 오늘날, 과도한 '죄책감'이나 '책임감' 그리고 '피로감'을 덜어내는 것은 그 자체로 자기자비의 행동이다.

　영양소 과잉부터 자의식 과잉, 생각 과잉까지, 과잉의 시대다. 어찌 보면 '제로'와 '프리'의 성행과 함께 사람들의 해방욕구가 늘어나는 것은 '완벽주의', '관심주의'가 만연한 사회의 이분법적 관념에서 벗어나, 타인이 아닌 자신의 시선으로 스스로를 바라보고 좀 더 친절하고 자비롭게 대하는 자기자비 사회가 되기 위한 하나의

---

3) Neff, K. D. (2003). The development and validation of a scale to measure self-compassion. *Self and identity*, 2(3), 223-250.

발걸음이라고 생각한다.

〈나의 해방일지〉와 동일 작가의 작품인 〈나의 아저씨〉(2018)에서 두 주인공이 온갖 수난을 겪고 건네는 마지막 대사가 있다. "평안 (平安)에 이르렀나?" 일상에서 과잉을 덜어내고, 경계로부터 자유로워지자. 그럼으로써 해방과 함께 평안에 이를 수 있지 않을까?

1. 제로의 핵심은 나아진 '건강'보다는 정서적 '위안'이다.

중요한 것은 제로콜라가 많이 팔렸다는 사실이 아니라, 일상에서 보다 쉽게 위안을 찾고자 하는 사람들이 많아졌다는 사실이다. 과잉의 제로화가 사람들에게 주는 것은 건강보다는 참지 않아도 된다는 '위안'이다. 우리 브랜드가 제로화할 수 있는 것은 무엇인지, 그럼으로써 고객에게 줄 수 있는 위안은 무엇인지 생각해보자.

2. '경계'를 언급하지 말라.
어떤 고객에게나 프리한 브랜드가 되자.

경계는 존재한다. 하지만 너와 나를 구분 짓는 행위는 사람들에게 더이상 매력적으로 다가오지 않는다. 우리 브렌드가 젠더만이 아니라 다양한 경계를 '프리하게' 넘나들 수 있다는 것을 보여주자.

Chapter 8

이 시대의
감수성

정석환

생활의 언어로 본 DEI

'ESG'를 넘어 'DEI'를 논하는 시대가 왔다. 'diversity, equity, inclusion'의 약자로 보통 다양성, 형평성, 포용성으로 번역된다. ESG(environment, social, governance)가 국내에선 친환경의 맥락이 강조된 키워드로 익숙하다면 DEI는 ESG에서 S에 해당하는 사회적 측면에 더욱 주목한다. 일부분을 간단하게 설명하자면 장애인을 채용했는지, 혹시 종교나 성별, 학력으로 차별했는지, 공정한 방식으로 고용했는지, 공평하고 투명한 방식으로 보상했는지 등을 측정한다. 기업들은 이제 ESG와 더불어 DEI도 실천해야 하고, 지수를 만들어 매년 보고서를 내야 한다.

더 나은 조직문화 그리고 사회를 위한 기업의 트렌드는 개인의 삶과는 무관할까? 그렇지 않다. ESG를 말하며 기후변화와 수달 혹은 바다거북 구출 대책을 이야기하는 기업과, 집에서 죄책감을 느껴 물티슈와 티백 사용을 줄이고 나아가 생분해 제품으로 교체하는 개인 모두 친환경에 기여한다는 점에서 다르지 않다. 사용하는

〈'DEI' 언급 추이〉

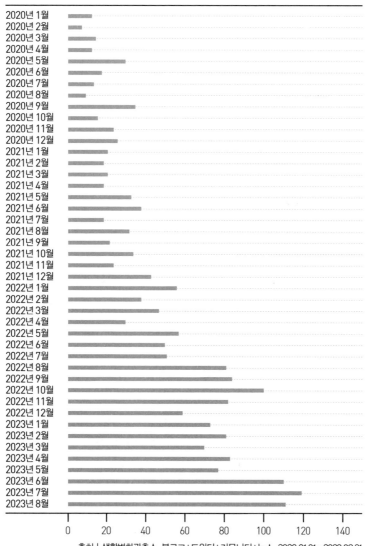

| 2020년 1월 |
| 2020년 2월 |
| 2020년 3월 |
| 2020년 4월 |
| 2020년 5월 |
| 2020년 6월 |
| 2020년 7월 |
| 2020년 8월 |
| 2020년 9월 |
| 2020년 10월 |
| 2020년 11월 |
| 2020년 12월 |
| 2021년 1월 |
| 2021년 2월 |
| 2021년 3월 |
| 2021년 4월 |
| 2021년 5월 |
| 2021년 6월 |
| 2021년 7월 |
| 2021년 8월 |
| 2021년 9월 |
| 2021년 10월 |
| 2021년 11월 |
| 2021년 12월 |
| 2022년 1월 |
| 2022년 2월 |
| 2022년 3월 |
| 2022년 4월 |
| 2022년 5월 |
| 2022년 6월 |
| 2022년 7월 |
| 2022년 8월 |
| 2022년 9월 |
| 2022년 10월 |
| 2022년 11월 |
| 2022년 12월 |
| 2023년 1월 |
| 2023년 2월 |
| 2023년 3월 |
| 2023년 4월 |
| 2023년 5월 |
| 2023년 6월 |
| 2023년 7월 |
| 2023년 8월 |

출처 | 생활변화관측소, 블로그+트위터+커뮤니티+뉴스, 2020.01.01~2023.08.31

이 시대의 감수성

언어와 접근방식이 다를 뿐이다. 기업이 ESG 지수의 항목으로 접근하느냐, 개인이 물티슈와 티백으로 접근하느냐의 차이일 뿐.

"영국 템스강에 물티슈섬이 있다는 이야기를 듣고 죄책감을 느껴 이제 막 쓰지 못하겠어요… 생분해 제품으로 바꾸려고 합니다."
"다이어트 때문에 차를 많이 마시기 시작했는데, 티백이 환경에 좋지 않다고 해서 옥수수전분으로 만든 티백으로 바꿉니다."

이렇듯 사람들은 'ESG'라는 용어를 의식하고 친환경을 실천하지는 않는다. 'ESG'를 좇아 친환경을 들여다보는 일이 톱다운(top down)이라면, 물티슈와 티백과 같은 언어를 관찰하고 모아보는 일은 보텀업(bottom up)이라 볼 수 있다. 이 중 생활변화관측소는 보텀업 방식을 취한다. 개인의 일상 속 변화의 지점을 찾고, 그 변화의 배경을 이해하고 공감하는 일이다.

DEI도 마찬가지다. 'DEI'라는 딱딱한 언어로 접근하면 우리 생활 속 이야기가 잘 보이지 않는다. '다양성', '형평성', '포용성'을 포털사이트에 검색해도 사람들의 일상 속 이야기는 찾기 힘들 것이다. 일상에서 그 언어로 말하지 않기 때문이다. 하지만 DEI가 개인에게도 의미 없는 것일 수는 없다. 더 나은 사회를 위한 노력의 종착지는 기업과 개인이 다르지 않다.

이 장에서는 ESG를 잇는 DEI에 관한 이야기를 생활변화관측소의 방식으로 풀어보고자 한다. 최근 사람들이 하는 이야기 중에서

DEI에 해당하는 것이 무엇이며, 어떤 고민과 논의를 하고 있는가? 어떤 방향으로 담론이 흐르고 있는가? 물론 이제 막 대두된 개념인 만큼 합의된 정답을 찾기는 섣부르다. 현재 논의 중인 현상임을 염두에 두며, 이야기를 시작해보자.

다양함을 포용하는 언어를 고민하다

'감수성'은 언급량도 늘고 외연도 넓어지는 키워드다. 사전적 정의로 감수성은 '외부 세계의 자극을 받아들이고 느끼는 성질'이라 한다. 데이터를 통해 보면 사람들은 실로 다양한 감수성을 말하고 있다. 예전에는 '미적 감수성', '문학적 감수성'처럼 예술 분야에 좀 더 익숙하게 사용하곤 했는데, 최근 감수성 언급량이 늘어난 이유는 이것과는 다르다.

블로그에서 사람들은 '언어 감수성'에 대해 가장 많이 말하고 있다. 기타 감수성들은 특정 이슈 때마다 언급량이 상승하는 패턴을 보이지만 '언어 감수성'과 '환경 감수성'은 특별한 화제성 없이도 꾸준히 상승하는 추세다.(268쪽 도표 참조) 그 밖에 2023년에 가장 활발히 사용된 감수성 화두로 '인권 감수성', '성인지 감수성', '젠더 감수성' 등이 있다. 늘 우리 곁에 공기처럼 존재하지만 예전에는 활발히 논의되지 않던 주제들이다. 손에 잡히지도 눈에 보이지도 않아, 언어로 표현하지 않으면 논의되지 않는 이야기들이다.

〈'감수성' 연관어 언급 추이〉

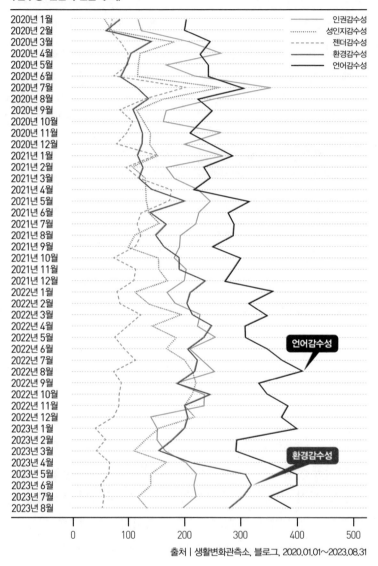

인권감수성
성인지감수성
젠더감수성
환경감수성
언어감수성

언어감수성

환경감수성

출처 | 생활변화관측소, 블로그, 2020.01.01~2023.08.31

○○장애, ○린이는 혐오표현?

이처럼 다양한 감수성 중에서 언어 감수성은 조금 특수하다. 여타 '○○감수성'과 달리 언어 감수성은 '언어'라는 구체적인 단어를 지칭하는 것이 아니다. 인권, 성인지, 젠더 등을 '표현'하는 방식으로서 언어를 말하는 것이다. 모든 감수성 이슈는 언어로 표현되기 때문이다.

DEI 중 다양성 항목은 쉽게 말해 우리 사회의 약자들을 배제하지 않는지 묻는 것이라 이해할 수 있다. 2023년에 개봉한 〈인어공주〉, 〈바비〉, 〈엘리멘탈〉 모두 다양성의 정신을 작품에 담아 화제가 됐다. 미국에선 인종의 다양성, 민족의 다양성, 성별의 다양성이 그만큼 중요한 화두다. 사람들은 비교적 접근하기 쉬운 문화 콘텐츠를 통해 다양성의 언어를 접하고 다시 생각해보곤 한다. 그렇다면 우리 사회는 다양성이란 화두에 어떻게 접근하고 있을까? 기업은 약자를 위한 기술을 고민하고, 개인은 무의식중에 약자를 배제하고 차별하지 않는 언어를 고민한다. 이 과정에서 '언어 감수성'에 대한 관심이 커지고 있다.

사회적 약자 중에서도 장애인은 소셜상에서 가장 많이 언급되는 명백한 사회적 약자다. 현재 장애인의 사회적 처우는 다양성, 형평성, 포용성 모든 면에서 문제가 된다. 사람들이 무의식적으로 사용하는 언어에도 이런 부분이 문제처럼 지적되는데, '결정장애'와 '선택장애'는 대표적인 차별표현으로 언급되곤 한다. 식당에 가서 먹고 싶은 게 많은데 하나만 골라야 할 때 선택장애 혹은 결정장애가

〈'ㅇ린이'〉

식린이 자린이 헬린이
캠린이 블린이 개린이
바린이 골린이 필린이 쿠린이
세린이 요린이 런린이 주린이
펨린이
피린이 와린이 테린이

출처 | 생활변화관측소, 블로그+커뮤니티, 2020.01.01~2023.08.31

온다고 흔히들 표현한다. 이것이 어떤 문제가 될까? 사람들은 이렇게 말한다.

"선택장애라는 말을 사용하는 거부터 이미 장애인의 특징을 비장애인이 도구로 쓰고 있는 상황으로 볼 수 있어요. 누군가 장애가 있는 장애인이었다면, 그래서 그 '장애'라는 단어의 무게를 알고 있다면, 심지어 가족이나 가까운 친구가 장애인이라면, 선택장애라는 말이 마냥 일상 속의 대화 수단으로 쓰진 않았을 겁니다. 언어 감수성을 길러야 합니다"

헬스를 막 시작한 사람을 칭하는 '헬린이', 주식 초보를 칭하는 '주린이' 등의 표현을 들어보았을 것이다. 어떤 영역에 입문하는 단계의 미숙함을 표현하기 위해, 상대적으로 경험이 적은 '어린이'의 속성을 빌려와 만든 합성어다. 순식간에 유행어가 되더니 요(리)린이, 자(전거)린이, 테(니스)린이, 골(프)린이 등 'ㅇ린이'의 외연이 점점 넓어지는 중이다. 동시에 이 표현에 불쾌감을 표하는 이들이 늘어났고, 언어 감수성의 대표적 주제로 토론되고 있다. 어린이를 미숙하고 실력이 좋지 못한 존재로 타자화하는 어른들의 시선이므로 지양해야 한다는 담론이 형성되고 있다.

'ㅇ린이'라는 표현 속에는 사회가 어린이를 미숙하고 불완전한 존재로 보고 있는 시각이 반영되었기 때문이었습니다. '초보(初步) :

학문이나 기술 따위를 익힐 때의 그 처음 단계나 수준'이라는 어쩌면 그 맥락에 더 맞는 단어가 이미 존재하고 있지 않은가요."

물론 반대 의견도 있다.

"ㅇ생아, ㅇ린이 표현 저는 혐오?가 아닌 귀여운 표현이라고 생각했어요 평소 신생아, 어린이를 귀엽고 실수하면서 배우고 자라나는 아이들처럼 무언가 실패하고 배우면서 자라나는 초보들에게도 모두가 이해하기 쉽고 귀여운 표현이라고요."

여기서 중요한 건 '그래서 이 말 써도 돼?' '쓰면 안 돼?'라는 가치 판단식의 접근이 아니다. 그보다는 이러한 현상이 존재하며, 이 현상이 논의되고 있다는 사실 자체에 주목할 필요가 있다. 이러한 논의가 이루어지고 있다는 사실을 인지하는 것은 개인과 브랜드 모두에게 중요하다. 사회적 배려나 윤리의식 차원을 떠나서도, 구성원의 다양성을 고려하지 않는 언어로는 다양한 사람들의 선택을 받기 어려워지는 사회가 되고 있다.

노인의 이름은?

어린이가 그렇듯이 나이듦 또한 우리를 사회적 약자로 만든다. 나이듦은 그 누구도 외면할 수 없는, 자기관련성이 가장 큰 담론인 동시에 가장 타자화된 언어로 다루어지는 개념이다. '액티브 시니

〈'노인' vs. '어르신' vs. '시니어' 연관어 순위〉

	노인		어르신		시니어
1	복지	1	노인	1	모델
2	사회	2	건강	2	시니어모델
3	어르신	3	프로그램	3	노인
4	건강	4	마음	4	교육
5	지역	5	복지	5	대회
6	요양	6	가족	6	프로그램
7	시설	7	코로나	7	어르신
8	지원	8	요양	8	건강
9	치매	9	사회	9	사회
10	생활	10	지역	10	패션
11	나이	11	모습	11	한국
12	질환	12	치매	12	서비스
13	가족	13	식사	13	주니어
14	치료	14	서비스	14	강사
15	서비스	15	나이	15	일자리
	...		...		...
31	대상	31	선생님	31	치매
32	증상	32	활동	32	예방
33	인구	33	아침	33	선수
34	문제	34	장기	34	패션모델
35	복지관	35	동네	35	시설
36	상담	36	사업	36	활동
37	코로나19	37	코로나19	37	요양
38	가정	38	전화	38	광고모델
39	청년	39	음식	39	운영
40	일자리	40	간식	40	골프
41	활동	41	교육	41	여자

출처 | 생활변화관측소, 블로그+트위터+커뮤니티+뉴스, 2019.01.01~2022.12.31

어'라는 말을 들어보았는가? 시니어들이 스스로를 지칭하는 게 아니라 기업이 마케팅 목적으로 만든 말로 타자화된 언어의 전형적인 예다. 나이들면 액티브하지 않은 게 당연하고 그렇지 않은 경우를 특이하게 바라보는 게 아닌지 고민해보아야 한다.

그렇다면 나이든 사람들을 어떤 방식으로 표현할 수 있을까? 대표적인 명칭은 '노인', '어르신' 그리고 '시니어'가 있다. '노인'은 주로 인구 담론에서 다른 세대와 비교하는 맥락에 사용되며 사회문제와 함께 언급되곤 한다. '어르신'은 돌봄이 필요한, 지원의 대상으로 언급되며, '시니어'는 최근 미디어 등에서 많이 사용되는데 주로 '시니어 모델' 등 커리어 측면이 강하다.

문제는 이 3가지 호칭 어느 것도 자기발화로 보이지 않는다는 것이다. 남의 시선으로 뭉뚱그려진, 다양성이 덜 고민된 키워드라는 것. 60대 이상 모든 연령대를 묶어서 바라본다는 점에서 20~40대까지 뭉뚱그린다고 비판받은 'MZ세대'와 대상만 다를 뿐이다.

타인을 상상할 때 시니어, MZ세대와 같이 누군가 정해준 범주로 특징을 떠올리기 쉽다. 그러나 모든 것은 스펙트럼이다. 할머니, 할아버지들이 직접 만든 귀여운 굿즈로 인기가 많은 '신이어마켙'에서는 어르신 구성원들을 '옥자 님'과 같이 이름으로 부른다. 그럼으로써 구성원들은 조직 내에서 위안과 존중감을 얻는다고 한다. 60대, 70대, 80대, MZ, 이대남, 이대녀가 아닌, 저마다 개성과 정체성에 따라 불리고 싶은 지점과 방식이 있는 법이다. 뭉뚱그려 불러서는 누구에게도 전달되지 않는 협소한 상상을 만들 뿐이다.

새로운 언어를 만드는 방법

한국인이라면 익숙한 '야쿠르트 아줌마'는 공식적으로는 사라진 말이다. '직업에 특정 성별이나 연령대 등이 연상되는 키워드를 넣을 필요가 있을까?'라는 문제제기로 2019년에 '프레시매니저'로 명칭이 바뀌었다. 아직은 야쿠르트 아줌마가 더 익숙할 수 있지만, 프레시매니저로 바꾸는 결정을 한 후 사람들도 의식적으로 바꾸어 부르는 중이다. 실제로 '프레시매니저' 언급량은 매년 꾸준히 증가하고 있으며 누군가 '야쿠르트 아줌마'라고 표현하면 호칭이 바뀌었다고 서로 정정해주기도 한다. 2019년 한국야쿠르트의 결정은 지금도 소셜상에 회자되며 사람들의 지지를 받고 있다.

"언어 감수성은 이렇게 실천해나가는 거지. 영어라서 막 와 닿지는 않지만, 아줌마보다는 훨씬 낫다."

비슷한 예로 '쿠친'이 있다. 쿠팡의 배달기사 호칭이던 '쿠팡맨'이 '쿠팡친구'로 바뀌었다. 마찬가지로 '직업 명칭에 성별을 붙일 필요가 있을까?'라는 질문에서 출발한 결정이다. 실제로 쿠팡 배달기사 중에 남성만 있는 게 아니라는 점도 중요하다. 설령 남성이 대부분이라도 모두를 포괄하는 언어가 아니기 때문이다.

"쿠팡맨이라고 하지 말아요 우리. 다수가 남성이라고 해서 맨이라는 단어, 젠더가 있을 필요가 없습니다. 쿠팡의 좋은 변화 응원합니다."

공공기관의 사례도 있다. 서울 성동구는 '경력단절여성'을 '경력보유여성'으로 바꾸어 부르고 관련 조례를 만들었다. '경력단절'이란 사실 경력을 보유했다는 이력이 전제된 것인데도, 다시 그 경력을 이어갈 수 있다는 가능성보다는 경력이 끊겼다는 불가능성이 강조돼 있다.

기업이나 정부가 바뀐다고 해서 무조건 담론이 형성되는 것은 아니지만, 이에 대해 사람들이 긍정적인 반응을 보였다는 것에는 중요한 함의가 있다. 경력보유여성 사례는 우리가 어떤 이름을 짓고 부를 때 타인의 입장을 충분히 고려했는지, 타인의 어떤 점에 초점을 맞추는지를 다시 생각하게 한다. 긍정과 부정이 없는 중립적인 현상을 부정의 관점으로만 보았는지 고민해보아야 한다.

"나는 '경력보유여성'이란 말이 정말 따뜻해. 출산 후 육아하느라 직장을 쉬던 내 친구들 보유경력으로 당당하게 다시 사회에 나오길…"

접근성, 향유의 시간차를 없애다

화면해설, 모두가 동시에 누리는 즐거움

그동안 장애인에게 '실시간'이란 시간은 허락되지 않았다. 대중적 매체인 책을 예로 들면, 종이책 중에서 일부만 점자책이나 오디오북으로 만들어지고 제작기간도 오래 걸린다. TV나 각종 행사에서 점차 보편화되고 있는 수어 통역도 음성언어로 발화된 이후 시작돼 잠시나마 시간차가 생긴다.

그런데 이런 시간차를 없애주는 기술이 있다. '음성설명' 혹은 '화면해설' 기능을 알고 있는가? 넷플릭스 구독자라면 지금 〈오징어게임〉을 재생한 후, 자막 메뉴에서 '한국어-음성설명'을 선택해보자. 그리고 화면을 재생하면, "초등학교 저학년쯤 된 기훈이가 운동화 끈을 묶는 모습이 흑백화면으로 나온다"라는 음성설명이 나온다. 이 기능을 선택하지 않으면 시각장애인은 대사 없이 시각정보로만 채워진 이 장면을 오롯이 이해하기 힘들 것이다. 접근성이 떨어지는 콘텐츠가 되는 것이다.

이 기능의 핵심은 사전제작에 있다. 넷플릭스가 인기 있는 콘텐츠에만 선별적으로 화면해설 기능을 추가하는 정책을 썼다면 지금처럼 칭찬받지 못했을 것이다. 왜냐하면 여기서 접근성의 핵심은 '장애인도 즐길 수 있어?'를 넘어 '동시간에 같이 즐길 수 있는지', 즉 감상의 시간차를 없애는 데 있기 때문이다. 〈오징어게임〉을 가장 재미있게 즐기는 방법은 가족과 친구들과 동시간에 시청하고 다음 내용을 함께 예상해보며 같이 웃고 같이 우는 것이다. 주변에 볼 사람들은 이미 다 보고 더이상 그 작품에 대해 말하지 않을 때쯤에야 내 순서가 온다면 어떻겠는가. 똑같은 구독자로서 차별과 소외감을 느끼지 않을까?

사회적 약자를 배려하는 마음으로만 접근하는 것이 아니라 누구나 다같이, 함께 누려 마땅하다는 태도가 중요하다. 그런 점에서 사람들은 넷플릭스의 정책을 칭찬하는 한편 아직도 접근성을 고려하지 않는 경쟁사들을 비판한다.

> "○○○(경쟁사)가 넷플릭스에 부끄러워해야 하는 부분은 오징어 게임 같은 콘텐츠가 아니라 화면 해설 자막방송 같은 시청각약자를 위한 서비스가 부족한 것이겠지…"

대체텍스트, 실시간 즐기는 소셜미디어

"트위터의 핵심은 '실시간'입니다, '지금' 일어나고 있는 일."

트위터의 로그인 창에 쓰여 있는 텍스트다. 실제로 트위터는 실시간 트렌드를 제공하는 특징적인 역할을 한다. 트위터는 어떻게 '모두'에게 정보 습득의 불평등이 없는 '실시간'을 보장할까? 바로 '대체텍스트'라는 접근성 기술을 통해서다. 대체텍스트는 'alt텍스트'라고도 불리는데, 한마디로 이미지를 설명해주는 기능이다. 웹상의 이미지를 보기 어려운 시각장애인들에게 필수적인 기능으로, 소셜미디어에서 특히 제몫을 다하고 있다.

소셜미디어도 넷플릭스와 마찬가지로 동시간성이 중요하다. 특히 트위터처럼 특정 문화나 아이돌 팬덤의 활동이 활발한 곳에서는 동시간대 정도가 아니라 1초 전에 업로드된 실시간 정보가 중요하다. 그렇기에 팬들은 시각장애인 팬들을 위해 이미지에 늘 대체텍스트를 포함시켜 이 이미지가 어떤 것인지 설명하는 작업을 한다.

〈'대체텍스트' 언급 추이〉

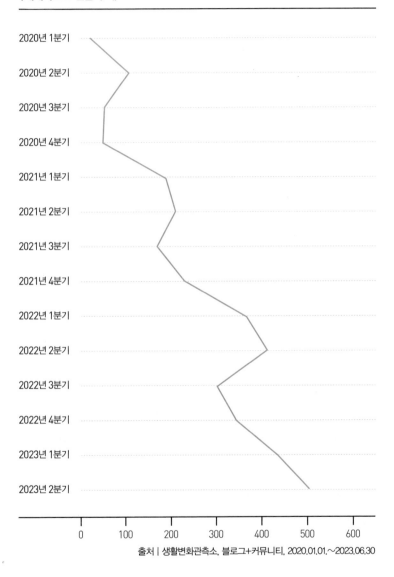

출처 | 생활변화관측소, 블로그+커뮤니티, 2020.01.01.~2023.06.30

"○○○(아이돌 그룹) 멤버 ○○○의 생일포스터 포스터, 대체텍스트
(이미지의 ALT 버튼) 한번만 눌러보세요. 트위터에서 이렇게 자세히
설명하는 시각장애인 접근성 텍스트 처음 봄 너무 선구적이라고 생각
함…"

장애가 있어도 밥을 먹고 이동하는 등 생존의 영역은 반복을 통
해 어느 정도 적응할 수 있다고 한다. 오히려 장애인들이 소외되기
쉬운 영역은 요즘 화제가 되는 드라마를 동시간에 볼 수 있는지, 그
래서 소셜미디어에서 그 이야기를 사람들과 나눌 수 있는지 하는
문화의 영역이다.

트위터는 계정 이름을 만들 때 구술언어로 설명하기 힘든 특수문
자를 사용할 경우 '시각장애인을 위해 특수문자가 포함되지 않은
이름을 고려해보라'고 할 정도로 장애 유무에 관계없이 모두가 동
등하게 소통하는 채널을 지향한다. 접근성을 적극적으로 도입하는
기업과 서비스에 사람들은 칭찬을 아끼지 않으며, 자발적으로 그
기능을 알리기도 한다.

장애인들과 비장애인들 사이에 문화향유의 시간차를 없애는 기
술이 화면해설과 대체텍스트 등의 기능이다. 메타버스, 생성형 AI
같은 첨단기술보다 훨씬 단순하지만, 모두에게 동시간성을 허락한
다는 점에서 그 무엇보다 혁신적이다. 누구도 소외되지 않고 모두
가 함께 소통할 수 있게 하는 것, 그것이 기술 혁신의 방향성이 되
어야 할 것이다.

출발은 '모두'를 넓게 보는 것

궁극의 기술은 '모두'에게 편한 기술이다. 출발은 누군가를 위한 배려가 아니라 '모두'를 넓게 보는 것, 모두를 위한 경험방식을 찾는 것에 있다. 그런 점에서 화면해설과 대체텍스트는 비단 사회적 약자만을 위한 기술이 아니라는 사실에도 주목하자. 비장애인 또한 화면해설과 대체텍스트를 사용해야 할 상황이 있다. 라섹 수술 직후 회복하는 동안, 이동 중에 화면을 보기 어려울 때, 눈이 피로하거나 소리를 듣기 힘든 상황에, 바쁘게 집안일을 하며 라디오처럼 콘텐츠를 즐기고 싶을 때 이 기능은 무척 유용하다. 더러는 특정 화면해설 작가의 개성이 묻어나는 디테일한 묘사가 좋아서 일부러 화면해설 기능을 사용하기도 한다.

> "라섹 수술하고 한동안 드라마 어케 보나 걱정했는데 화면해설로 들으니까 진짜 좋았다. 오히려 실감나서 더 재밌었달까"
> "이미 봤던 드라마 화면해설로 보면 더 로맨틱함… 달달한 묘사들… 화면해설 작가님들 너무 표현을 잘해주셨어."

시각장애인들은 애플 제품을 애용한다고 한다. 보이스오버, 손쉬운 사용, 에어태그, 에어팟 보청기능 등이 접근성 측면에서 매우 우수하기 때문이다. 그리고 이러한 기능은 장애인, 비장애인 모두에게 유용하다.

출발은 누군가를 위한 배려가 아니라
'모두'를 넓게 보는 것,
모두를 위한 경험방식을 찾는 것에 있다.

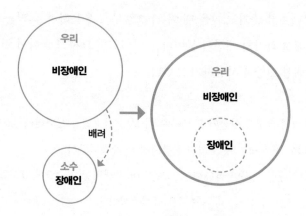

"우리의 폭이 넓어진다"

"시각장애인이면 애플을 쓸 수밖에 없을 정도로 현존하는 폰 중엔 가장 접근성이 좋아 보였는데 계속 업데이트하는 노력을 보면 정말 인정. 이런 것 보면 비싸다고 뭐라고만 하진 못하겠다."

평소에 말하는 '우리'와 '모두'를 떠올려보자. 정말 모두가 포함되어 있는지 고민해보아야 한다. 애플과 넷플릭스는 그들이 말하는 '모두'가 기타 경쟁자들의 '모두'보다 넓기에 선택되었다. 타인에 대해 협소하게 상상하면 약자가 배려의 관점으로밖에 보이지 않는다. '우리'가 '널' '배려한다'는 전제가 무의식중에 있는지 돌아보자. 배려가 전제가 되기보단 '우리'를 넓게 상상하고, '모두'를 전제로 해야 한다.

공정함, '전문가'에서 '지수'로

공정성 이슈는 한국사회에서 반복적으로 나타나는데, 데이터로 보면 계속 피크가 높아지는 패턴을 보인다.

공정성은 집계 결과나 순위를 발표할 때 특히 많이 언급되며, 매번 소셜상에서 수많은 토론이 이루어진다. 도화선이 된 사건은 늘 다르지만, 사람들이 남기는 언어에는 공통점이 있다. '공정성'의 연관어엔 늘 '평가', '기준', '근거' 등의 키워드가 있다.(286쪽 도표 참조) 그리고 '전문가', '권위' 등의 연관어도 반복되어 나타나는데,

〈'공정성' 언급 추이〉

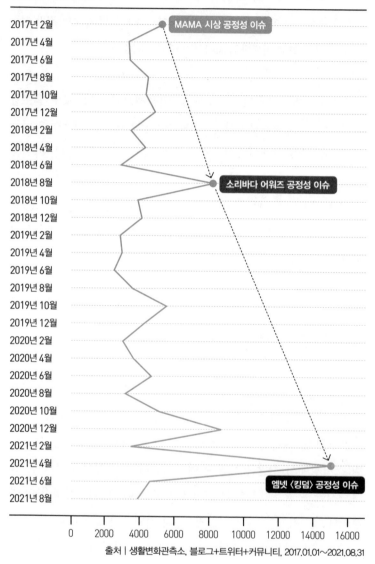

2017년 2월	MAMA 시상 공정성 이슈
2017년 4월	
2017년 6월	
2017년 8월	
2017년 10월	
2017년 12월	
2018년 2월	
2018년 4월	
2018년 6월	
2018년 8월	소리바다 어워즈 공정성 이슈
2018년 10월	
2018년 12월	
2019년 2월	
2019년 4월	
2019년 6월	
2019년 8월	
2019년 10월	
2019년 12월	
2020년 2월	
2020년 4월	
2020년 6월	
2020년 8월	
2020년 10월	
2020년 12월	
2021년 2월	
2021년 4월	엠넷 〈킹덤〉 공정성 이슈
2021년 6월	
2021년 8월	

0 2000 4000 6000 8000 10000 12000 14000 16000

출처 | 생활변화관측소, 블로그+트위터+커뮤니티, 2017.01.01~2021.08.31

이 키워드들을 잘 들여다보면 새로운 세대가 지향하는 가치관과 태도가 보인다. 사람들은 정확한 숫자로 기여했는데 돌아오는 것이 권위자의 모호한 기준에 의한 결과일 때 분노한다.

> "○○○방송국 놈들아. 이딴 식으로 순위발표 해놓고 공정성 타령할
> 거면 전문가 평가단 이름 석자 다 까고"
> "어디에서 뭘 하는 분인지도 다 까고 자체평가도 다 까고 투표수며 영
> 상 조회수 1회까지도 모조리 집계해서 보여주면 모든 논란이 잠잠해
> 지지 않을까? 그렇게 당당한 이유가 있을 거 아니야"
> "전문가 평가는 ㄹㅇ 화나는데 ㅋㅋㅋㅋ 당장 누군지+기준 뭔지 공
> 개하시죠? 전문가 자격이 있는지 누가 판단? 공정성 논란 날 만한데
> 이거"

'전문성', '신뢰성', '전문가', '권력', 이런 연관어들은 평가를 하는 주체에 대해 쓰인다. 특히 시상식이나 오디션 프로그램 등에서 객관적인 평가기준이나 지표가 명시되지 않고, 평가주체가 사람이라면 객관성보다는 주관성이 생길 수밖에 없다는 점을 지적하는 것이다. 순위 프로그램은 주관적 판단 가능성을 제거하고 객관적 평가가 가능하게 하는 게 관건인데, 예전처럼 권위자나 권력을 가진 전문가라는 이름이 평가의 신뢰성을 담보하지 않는다는 담론이 지속적으로 관찰된다.

〈'공정성' 연관어〉

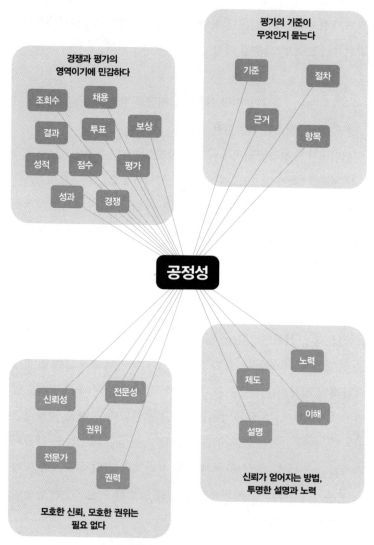

출처 | 생활변화관측소, 블로그+트위터+커뮤니티, 2020.01.01~2023.08.31

사람들은 납득되지 않는 권위적인 결과에 대응해 트럭시위[1]를 하기도 한다. 공정성 키워드가 그렇듯 '트럭시위' 또한 사건은 매번 다르지만 언급량은 꾸준히 증가하는 패턴을 보인다. 그리고 여기에도 공통된 언어가 보이는데, 바로 '투명'과 '공개'다. '투명'은 전문가의 권위가 아닌 숫자와 데이터를 보이라는 말이며, '공개'는 그 기준을 바탕으로 소통하라는 뜻이다.

공정성은 보텀업이 중요한 대표적 영역이다. 모호하지 않고 명확한 결과, 전문가나 권위에서 오는 것이 아니라 밑으로부터의 합의에 의한 결과, 무작위가 아니라 합의된 기준과 절차로부터 결과가 나왔을 때 사람들은 공정하다고 여긴다. 전문가의 힘이 강했고, 불합리에 직면해도 대응방법이 마땅치 않았던 과거와는 다르다.

보텀업의 합의로 이루어진 공정성 사례로 5장에서 언급한 CGV 골든에그지수가 있다. CGV골든에그지수의 평가 결과는 신뢰가 굉장히 높은데 그 이유는 모호하지 않은 명확한 기준에 있다. CGV골든에그지수는 영화를 실제 관람한 사람이 '7일 내'에 작성할 수 있으며, '100명' 이상 참여해야 점수가 노출된다. 만약 에그지수가 70% 미만이면 계란이 깨진다. 그 어디에도 전문가는 없다. 물론 에그지수도 허점이 많으며 불신하는 의견도 있는 게 사실이다. 하지

---

1) 트럭시위는 주로 K-pop 팬덤이나 게임업계 이용자들이 관계자들에게 직접 메시지를 전하는 방식으로 활용된다. 2021년 게임업계 이슈가 터지며 대중적으로 알려진 후 코로나19 기간 중 인원제약, 집회제약 등의 이슈에 걸리지 않고 비교적 적은 비용으로 큰 파급력을 가져올 수 있다는 장점이 부각되었다.

소수의 전문가가 아닌 다수가 참여해
권위를 대체하는 방식을 만드는 사람들.
전문가가 아닌 '지수'에 대한 관심은
공정함을 대하는 인식의 변화를 보여주는
하나의 증거다.

만 산정방식이 투명하다는 점과 사람들의 의견을 듣고 조정해가는 회사의 태도에 사람들은 좋은 평가를 한다.

에그지수는 권위와 공정성을 바라보는 기준이 변화했음을 잘 보여준다. 에그지수의 권위는 실제로 관람했다는 기준과 다수 의견의 합에서 비롯된다. 영화를 보지 않고 팬심이나 기타 다른 이유로 평점을 매길 수 없다. 의도적인 평점 테러나 마케팅에 의한 흥행 컨트롤도 어렵다. 권위에 의존하지 않는, 직접 관람한 사람만 참여 가능한 에그지수가 영화를 믿고 볼 수 있게 만든다.

지금의 '유난'이 내일의 '트렌드'다

DEI는 기업의 이슈이지만, 언어만 다를 뿐 개인에게도 유효하다. 지금도 사람들은 소셜상에서 각자의 언어와 행동으로 다양성과 형평성, 포용성에 대해 꾸준히 토론하고 있다.

물론 모두가 이 흐름에 동참한 것은 아니다. 실제로 다양성, 포용성, 형평성의 논의들이 늘 마주하는 반응이 있다. "왜 그렇게 유난이야?" "뭐가 그렇게 예민해?" "불편하면 자세를 고쳐 앉아" 등등. 누구에게는 이미 시작된 변화이자 트렌드이지만, 누군가에게는 유별난 사람들의 유난으로 보일 수 있다.

하지만 오늘의 유난이 트렌드가 된 전례는 많다. 개는 누군가에게는 식용의 시절을 거쳐 반려동물로 이름이 달라졌고, 이제는 반려견을 위한 유치원에 반려견 시립병원 그리고 오마카세까지 나왔다. 매 순간 '유난'이라는 꼬리표를 달고 여기까지 왔다.

사회의 새로운 태도에 대한 담론을 예민함으로만 치부하지 말자. 그보다는 동시대인들이 합의하고자 하는 새로운 규범이자 기준으로 바라보아야 한다. 기업이 ESG와 DEI를 실천해야 하는 이유도 착해지기 위해서가 아니라 그것이 새로운 규범이기 때문이다. 브랜드가 착한 척을 하거나 정말로 착하다고 해서 사람들의 구매가 많아진다는 보장은 없다. 하지만 문제가 발생하면 구매가 끊긴다는 건 장담할 수 있는 시대가 되었다.

새로운 규범은 다수가 누구인지 소수가 누구인지 구분하는 태도를 지양한다. 개인은 원래 모두 개별자이며, 누구나 어느 면에서는 소수자다. 지금 당장은 내 문제처럼 보이지 않아도, 우리 브랜드나 기업의 문제가 아닌 것 같아도, 영원히 무관할 수는 없다. 다양한 입장을 상상하지 않는다면 혹은 협소하게 상상한다면, 타인 또한 당신에 대해 궁금해하지 않을 것이다.

1. 커뮤니케이션 체크리스트를 갱신하자.

대상을 성별이나 신체적 특징으로 한정하지 않았는지, 그래서 대상을 의도치 않게 차별하지 않았는지. 혹은 대상을 타자화해 의도치 않게 비하하지 않았는지, 중립적 현상이나 상황을 부정적 관점으로 표현하지 않았는지. 반드시 체크해보아야 한다.

2. 배려로 소통하지 않아야 한다.

접근성을 높이는 기술은 누구를 배려하기 위한 기술이 아닌 모두를 위한 기술이다. 약자를 위한 기술일지라도 약자만을 위한 기술에 머무르지 않고 모두를 위한 기술이 된다.

3. '우리'를 넓게 보자.

'우리'를 좁게 보면 다양성을 외면하게 된다. 오늘날의 트렌드는 획일적이지 않고 모두가 다른 것을 추구하는 방향성을 띤다. 다양함 그 자체가 트렌드가 될 수 있음을 기억하자.

4. 브랜드라면 새로운 언어를 만들어보자.

새로 제시하는 언어가 시대의 태도와 맞다면 사람들에게 사랑받고 선택받는 기회가 된다. 모든 구성원을 포용하는 새로운 언어, 누구도 배제하지 않는 언어일수록 환영받는다.

이 시대의 페르소나,
관심사는 자기관리와 공간분리

페르소나는 말을 거는 대상이다. 소셜빅데이터 강의를 녹화한다. 그때도 페르소나는 필요하다. 강의 내용, 강의 대본에 프롬프트까지 모두 나와 있지만 그래도 페르소나는 정해야 한다. 이 강의를 듣는 사람이 기업의 임원인지, 과장인지, 신입사원인지, 데이터를 얼마나 아는 사람인지, 앞으로 데이터를 어떻게 활용할지, 듣는 사람의 대표주자에 대한 상(像)을 정해야 말의 속도와 강조 포인트가 정해진다. 무엇보다 검은 카메라 렌즈에 대고 사람에게 하듯이 말할 수 있다. 마케팅도 페르소나를 정해야 한다. 대한민국 사람 모두가 우리 브랜드를 사주기를 희망하지만 그렇더라도 페르소나는 정해야 한다. 그래야 말투, 말의 메시지, 말을 걸 채널이 결정된다.

브랜드와 업종의 입장에 따라 다르겠지만, 이 시대의 대표적인 페르소나는 1인가구다. 학교는 졸업했고, 경제활동을 하고 있고, 결혼은 생각이 없고, 혼자 살면서 스스로 돌보고 스스로 가꾸는 사람이다. 이들의 최대 관심사는 자기관리와 공간분리다.

먼저 자기관리. 나 자신만이 나를 돌볼 수 있다는 현실, 스스로 강해져야 한다는 인식, 자기효능감을 얻기 위한 방편으로 택한 자기관리를 이해해야 1인가구가 왜 그렇게까지 운동을 꾸준히 하는지, 왜 냉장고마다 닭가슴살이 꽉꽉 들어차 있는지, 칼퇴를 요구하면서도 퇴근하기 무섭게 왜 그렇게 열심히 공부하는지 이해할 수 있다.

다음은 공간분리. 상대적으로 좁은 집 안에서 해결해야 할 과제가 너무 많다. 오피스도 차려야 하고, 식당도 꾸려야 하고, 취미활동 또한 포기할 수 없다. 'MZ세대의 독특한 사고체계'라고만 생각하면 이해하기가 어렵다. 한정된 자원, 동년배와 공유하는 욕구, 현실과 타협점을 찾아가는 효율적 방법, 이 모두가 '정보'가 되어 디지털 월드에서 활발히 교류되는 1인가구 유니버스를 이해해야 한다.

페르소나를 만나는 가장 쉬운 방법을 소개하겠다. 지금 바로 유튜브를 열고 검색창에 '자취남'이라고 친다. 자취남은 사회자가 1인가구 집을 방문하는 온라인 집소개 방송이다. 자취남 채널에 올라온 최근 영상을 한 개만 보자. 20분이 채 안 되는 시간 속에 대한민국 트렌드가 들어 있다. 무엇을 볼 것인가?

첫째, 커뮤니케이션 방식. 사회자는 좁으면 좁은 대로 넓으면 넓은 대로 살림이 많으면 많은 대로 좋은 점을 칭찬하고 공감한다. 참여자는 다이소 2000원짜리 물건부터 가구배치 방식까지 다양하고 소소한 팁을 공유한다. 칭찬과 공감, 꿀팁의 공유가 지금의 커뮤니케이션 방식이다.

둘째, 전문가 권위를 대체한 소비자 참여. 과거의 인테리어 프로그램은 전문가가 나타나서 짜잔~ 하고 집을 고쳐주었다. 당사자는 감동해서 울거나 고마워서 고개를 주억거릴 뿐이다. 참여자의 기존

살림살이는 온데간데없었다. 자취남에서는 참여자가 주인공이다. 참여자가 전문가여서가 아니다. 참여자는 이 집을 진짜로 살아내고 있는 사람으로 말 그대로 '찐'이기 때문이다. 트렌드는 타자적 시각으로 바라보면 안 된다. 자기발화적 목소리를 들어야 한다.

셋째, 집은 트렌드의 집약체다. 참여자는 무슨 일을 하는지, 어디에서 얼마의 가격으로 집세를 내고 있는지, 라이프스타일이 어떤지 모두 공개하고 그 결과로 이 집을 이렇게 선택하고 이렇게 구성했다고 설명한다. 냉장고 문을 열어서 뭘 먹고 사는지 공개하고, 어떤 것을 원하지만 어느 지점에서 타협했는지를 보여준다. 실현되지 않은 욕망이 미래고, 현실적 타협점이 트렌드다. 이케아, 다이소, 닭가슴살, 빔프로젝터, 신중하게 선택된 조명이 자주 등장한다. '좁은' 집을 '효율'적으로 꾸밀 수 있는 도구, '간편'하게 '건강'을 챙길 수 있는 방법들이다.

트렌드를 파악하기 위해 유행하는 것을 따라다니거나 신조어를 공부하는 것보다 식생활, 주거공간, 자기관리의 변화를 관찰하자. 그 채널로 '자취남'을 추천한다. 이 시대의 살아 있는 페르소나들을 만날 수 있을 뿐 아니라 칭찬, 공감, 공유의 어법을 배울 수도 있다. 트렌드는 '무엇'을 말하는지가 아니라 '어떻게' 말하는지, 즉 의사소통의 변화다.

2024 트렌드 노트
라이프-스타일, 마침내 분화

2023년 10월 13일 초판 1쇄 발행
2023년 10월 18일 초판 2쇄 발행

지은이 정석환, 박현영, 이원희, 김종민, 김정구, 정현아, 신예은

펴낸이 김은경
편집 권정희, 이은규
마케팅 박선영
디자인 황주미
경영지원 이연정

펴낸곳 ㈜북스톤
주소 서울시 성동구 성수이로7길 30 빌딩8, 2층
대표전화 02-6463-7000
팩스 02-6499-1706
이메일 info@book-stone.co.kr
출판등록 2015년 1월 2일 제2018-000078호
ⓒ 정석환·박현영·이원희·김종민·김정구·정현아·신예은
(저작권자와 맺은 특약에 따라 검인을 생략합니다)
ISBN 979-11-93063-14-9 (03320)

이 책은 저작권법에 따라 보호받는 저작물이므로 무단전재와 무단복제를 금지하며, 이 책 내용의 전부 또는 일부를 이용하려면 반드시 저작권자와 북스톤의 서면동의를 받아야 합니다.

책값은 뒤표지에 있습니다. 잘못된 책은 구입처에서 바꿔드립니다.

북스톤은 세상에 오래 남는 책을 만들고자 합니다. 이에 동참을 원하는 독자 여러분의 아이디어와 원고를 기다리고 있습니다. 책으로 엮기를 원하는 기획이나 원고가 있으신 분은 연락처와 함께 이메일 info@book-stone.co.kr로 보내주세요. 돌에 새기듯, 오래 남는 지혜를 전하는 데 힘쓰겠습니다.